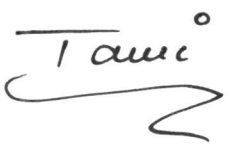

Klaus Schäfer

Erziehung und Bildung von Kindern und jungen Menschen im Alter von 1 bis 18 Jahren nach Prinzipien der Montessori-Pädagogik

- Konzept für ein Montessori-Zentrum Karlsruhe -

Hrsg. Montessori-Förderkreis Karlsruhe e.V.

Dieses Konzept entstand im Auftrag des Montessori-Förderkreises Karlsruhe e.V. durch

Klaus Schäfer

Montessori-Lehrer, stellvertretender Schulleiter der Gartenschule Karlsruhe (Montessori-Grundschule), Ausbildungslehrer für die PH Karlsruhe,
Dozent für Mathematik, Geometrie und Kosmische Erziehung der Akademie für Montessori-Pädagogik innerhalb der Deutschen Montessori-Gesellschaft (DMG).

Unterstützung erhielt er bei der Konzepterstellung im Bereich der Kollegstufe von

Uta Lanske

seit 1996 Gymnasiallehrerin für Französisch, Italienisch und Geographie, seit 2000 am Fichte-Gymnasium Karlsruhe
Frau Lanske hat bereits während des Studiums das Montessori-Diplom und kurz darauf das Montessori-Zertifikat für die Sekundarstufen erworben.

Klaus Schäfer

Erziehung und Bildung
von Kindern und jungen Menschen
im Alter von 1 bis 18 Jahren
nach Prinzipien der Montessori-Pädagogik

- Konzept für ein Montessori-Zentrum Karlsruhe -

Hrsg. Montessori-Förderkreis Karlsruhe e.V.

Wegen der besseren Lesbarkeit wird im Text häufig nur von Kindern gesprochen. Gemeint sind im Zweifelsfalle Kinder und Jugendliche.
Ebenfalls der besseren Lesbarkeit wegen wird an einigen Stellen nur von dem Lehrer bzw. der Erzieherin gesprochen. Hier ist selbstverständlich jeweils das andere Geschlecht inkludiert.
Alle nicht weiter gekennzeichneten, kursiv gesetzten Passagen in Anführungszeichen sind Zitate von Maria Montessori.

Bibliografische Information der Deutschen Nationalbibliothek
Die Deutsche Nationalbibliothek verzeichnet diese Publikation in der Deutschen Nationalbibliografie; detaillierte bibliografische Daten sind im Internet über http://dnb.d-nb.de abrufbar.

1. Auflage 2009

© 2009 Klaus Schäfer, Montessori-Förderkreis Karlsruhe e.V.

Lektorat: Wiebke Holzbach
Layout, Satz, Umschlagentwurf: Alexander Holzbach
Herstellung und Verlag: Books on Demand GmbH, Norderstedt
ISBN 978-3-8391-1327-1

Inhaltsverzeichnis

Teil I

Einführung

Kapitel 1

Die Idee:
ein Montessori-Zentrum

1.1 Ein gemeinsames Haus des Lebens und Lernens für Kinder und junge Menschen (1-18 Jahre)

Man könnte viele Gründe aufführen, die für die Notwendigkeit einer Verbesserung und Veränderung der Institutionen Kindergarten und Schule sprechen: die mittelmäßigen Leistungsergebnisse, die in den internationalen Vergleichsstudien erreicht wurden, das Fitmachen für den globalen Wettbewerb, die unbefriedigende Effizienz hinsichtlich der eingesetzten Mittel, die Herausforderung durch Datenverarbeitung und Telekommunikation und andere mehr.

Keiner dieser Gründe ist jedoch maßgebend für das Projekt eines freien Montessori-Zentrums. Seine Begründung orientiert sich stattdessen an den Entwicklungsphasen und Entwicklungsbedürfnissen der Kinder und Jugendlichen. Deren Bedeutung wird auch von neuen Erkenntnissen der Lern- und Hirnforschung bestätigt.

Kindergarten und Schule sind für Kinder Orte geworden, an denen sie einen großen Teil ihrer Zeit verbringen. Daher müssen sie Lebensorte sein, also Orte, an denen Kinder und Jugendliche wirklich und gut leben können, die wichtigsten Lebenserfahrungen unmittelbar machen können, Schutz erfahren, sich finden und erproben können und in denen sie als Individuen demokratisch wirksam am Gemeinschaftsleben teilhaben können. Kinder und junge Menschen sollen demokratische Lebensformen einüben und praktisch auf ihre Rolle als künftige Bürger vorbereitet werden. An solchen Lebensorten sollten Kinder und Jugendliche das Gefühl bekommen, gebraucht zu werden, nützlich, wichtig und willkommen zu sein, und Liebe und Ermutigung erfahren.

Lebensorte

Ein Kindergarten und eine Schule – deren besonderer pädagogischer Anspruch darin besteht, einen Lebens- und Erfahrungsraum zu bilden – versuchen, dem einzelnen Kind bei der Entfaltung seiner Anlagen sowie bei der Findung und Festigung seiner Lebensziele zu helfen und es in die gemeinsame Kultur einzuführen. Es soll ihm keine heile Welt vorgegaukelt werden.

Im Mittelpunkt der Erziehung steht vielmehr die Stärkung seiner Persönlichkeit, damit es die auftretenden Schwierigkeiten des Lebens in einer unbekannten Zukunft meistern kann. Zu dieser Erziehung gehört auch eine umfassende Bildung, gehören Einstellungen, Fähigkeiten, Fertigkeiten und Kenntnisse.

Erziehung ist Hilfe
zum Leben

Der ganze Mensch als Einheit aus Kopf, Herz und Hand muss sich entfalten können. Nach Montessori ist dies die Aufgabe von Erziehung: *„Erziehung ist Hilfe zum Leben."*

1.2   Fundament des Hauses: die Montessori-Pädagogik

Die italienische Ärztin Maria Montessori (1870-1952) entwickelte im Laufe ihres Lebens ein pädagogisches Gesamtkonzept für die Erziehung und Bildung von der Geburt bis zum Beginn des Erwachsenenalters. Dieses Konzept ist in sich konsistent, und alle Teile bauen aufeinander auf.

im Zentrum steht
das Individuum

Im Zentrum der Montessori-Pädagogik stehen wie in keiner anderen Pädagogik das Individuum und die Entwicklung seiner Persönlichkeit.

Jedes Kind hat seine eigenen Potenziale, die es entfalten soll. Aufgabe der Erziehung ist es, ihm dabei zu helfen. Dies geschieht dadurch, dass man dem Kind die Freiheit gibt, aktiv zu werden und Erfahrungen zu machen.

Auf der Basis wissenschaftlicher Beobachtung fand Montessori heraus, dass die Entwicklung vom Säugling zum Erwachsenen in mehreren Phasen verläuft und natürlichen Gesetzen folgt. Dabei treten in jeder Entwicklungsstufe besondere Entwicklungsbedürfnisse, Sensibilitäten und Aufgaben auf. Aus diesen leitete M. Montessori Inhalte und Formen der Erziehung ab.

Montessori-Pädagogik ist eine Pädagogik der Freiheit

Freiheit ist die Voraussetzung für eine optimale Entwicklung des Kindes. Jedes Kind strebt von Anfang an danach, unabhängig und selbständig zu werden und sich vom Erwachsenen zu lösen. Aufgabe des Erwachsenen ist es, das Kind für seine Entwicklung freizugeben.

Normen und
Regeln

Freiheit bedeutet dabei nicht, dass man tut, was man will, sondern über Selbstkontrolle und Selbstdisziplin zu verfügen. Freiheit ist gebunden an Normen und Regeln. Sie geht immer einher mit Begrenzung, die wiederum Halt und Geborgenheit gibt. So erst können Freiräume entstehen.

Auch lernt der Mensch am besten, wenn er aus Freude und aus Einsicht lernt und handelt, wenn er will, was er macht. Dies ist möglich, wenn er das Gefühl hat, willkommen zu sein, wenn er aktiv gestalten kann, wenn er nicht Objekt, sondern Subjekt der Erziehung und Bildung ist.

Aus der Freiheit und der freien Arbeit entsteht ohne Druck von außen die spontane Disziplin, die für Montessori-Einrichtungen so charakteristisch ist.

Freies soziales Leben

Um ihr soziales Leben erfahren und erproben zu können, brauchen Kinder und Jugendliche einen durch Ordnungen und Regeln geschützten Raum, ausreichend Zeit und Freiheit von falscher Einmischung. So können sie soziale Tugenden wie Rücksichtnahme, Toleranz, Respekt, Mitgefühl, Solidarität, Hilfsbereitschaft, Kompromissbereitschaft und Friedfertigkeit entfalten und einüben. *(soziale Tugenden entfalten)*

In vielfältiger Weise können sie eigene soziale Erfahrungen machen, einschließlich der Erfahrung, dass die individuelle Freiheit als soziale Grenze das Gemeinwohl hat. Sie lernen, ihr Zusammenleben und gemeinsame Angelegenheiten selbst zu regeln, Konflikte zu lösen oder zu vermeiden und zu kooperieren.

Freies Arbeiten in einer dafür besonders vorbereiteten Umgebung

Kinder brauchen eine Umgebung, die ihrer Aktivität, ihren Entwicklungsbedürfnissen und Sensibilitäten sowie ihren Interessen angepasst ist.

Die Umgebung muss so beschaffen und vorbereitet sein, dass jedes Kind Bedingungen findet, die für seine Konzentration günstig sind. Nicht das Kind soll sich einer starren Umgebung anpassen, sondern die Umgebung muss dem Kind angepasst werden. *(Umgebung dem Kind anpassen)*

Klare Ordnungsstrukturen in der Umgebung unterstützen das Kind beim Aufbau eigener innerer Ordnungen und Strukturen. Überflüssiges muss vermieden werden, Notwendiges jedoch so ausreichend vorhanden sein, dass niemals Mangel an geistiger Nahrung herrscht. Das Kind braucht Gegenstände, Anregungen und vor allem Freiheit, um selbst tätig werden zu können und sich bewegen zu können. *(klare Ordnungsstrukturen)*

Polarisation der Aufmerksamkeit

Während einer freien oder frei gewählten Aktivität kann jeder Mensch in einen Zustand von Konzentration bis hin zur Versenkung, der Polarisation der Aufmerksamkeit, gelangen. In einer solchen Phase vollzieht sich ein Wandlungsprozess durch Aufbau einer inneren Ordnung. *(Aufbau einer inneren Ordnung)*

In der freien und konzentrierten Aktivität trainiert das Kind Ausdauer, Präzision, Zielstrebigkeit, Zuverlässigkeit und Anstrengungsbereitschaft. Es schult seinen Willen und seine Entscheidungs- und Urteilsfähigkeit. Die Aktivität weckt Interesse und innere Motivation. Sie verschafft Freude und Befriedigung und gibt ein Gefühl für Selbstwert und Würde.

Das Montessori-Material

Keine Pädagogik hat einen derartig fein aufeinander abgestimmten, wissenschaftlich entwickelten und umfassend erprobten Fundus an Materialien, die das Kind zu selbsttätigem Handeln auffordern und die obendrein einen hohen diagnostischen und therapeutischen Wert haben.

Es gibt spezielle Materialien zu den Bereichen Übungen des täglichen Lebens. Es gibt das Sinnesmaterial, das Sprachmaterial, Materialien zu Mathematik und Geometrie und die Materialien zur Kosmischen Erziehung, mit deren Hilfe sich das Kind Natur und Kultur ganzheitlich erschließen kann. Das Kind arbeitet mit diesen Entwicklungsmaterialien in der Freiarbeit.

Sensible Phasen und Lernfenster

Jedes Kind zeigt von Geburt an Neugier und spontane Aktivität.

Sein Lernen ist untrennbar mit Wahrnehmung, Bewegung und Gefühlen verbunden. Das Kind ist kein Gefäß, das sich mit beliebigen Inhalten füllen lässt. Je nach Phase seiner Entwicklung zeigt das Kind eine sensible Aufnahmebereitschaft, Interessen und Neigungen für bestimmte Lernfelder. Nicht durch Belehren wird gelernt, sondern dadurch, dass eigene Erfahrungen gemacht werden.

Individuelles Lernen

Jedes Kind hat seine eigenen individuellen Lernvoraussetzungen je nach seiner Begabung, seiner Emotionalität, seinem Lernverhalten, seinem sozialen Milieu, seinen Vorerfahrungen, Vorkenntnissen und Interessen.

Jedes Kind lernt anders, jedes hat seinen eigenen Lernzugriff und sein eigenes Lerntempo. Was ein Kind lernt oder speichert, entscheidet es letztlich selbst.

Lernen ist ein
individueller Prozess

Lernen ist ein individueller, autodidaktischer Prozess des Lernenden selbst; der Lernende muss sein eigener Lehrer werden. Lernen kann daher nicht im Gleichschritt erfolgen, sondern sollte so weit wie möglich differenziert sein.

Selbstgesteuertes Lernen

Um sein Lernen selbst steuern zu können, braucht das Kind Freiheit zum Handeln und Entdecken, zur Wahl eines Lerngegenstandes und der sozialen Arbeitsform. Gleichzeitig benötigt es anregendes, intelligent strukturiertes Material und Lernanlässe, die Neues und Bedeutungsvolles beinhalten und seine Begeisterung wecken. Das Interesse ist der Schlüssel des Lernens.

Struktur und Ordnung

Wichtig ist eine ruhige, friedliche Lernatmosphäre, in der Kooperation und Aufmerksamkeit gefördert und Konkurrenz und Ablenkung eingedämmt sind.

Lernen ohne Konkurrenz

Lernen braucht Zeit und Gelegenheit zu Wiederholung und Vertiefung.

Lernen braucht Struktur und Ordnung. Es geht nicht um die Anhäufung von Wissensbergen, sondern um das Verstehen von Zusammenhängen und Ordnungen.

Lernen ohne Noten

Das Lernen des Kindes hat seine Begründung in sich selbst. Sein Sinn liegt nicht im Erwerb von Noten und Zeugnissen, sondern in der Bildung der Persönlichkeit. Ohnehin lässt sich überhaupt nur ein geringer Teil des Lernens messen.

Bildung der Persönlichkeit

Kinder wollen Resonanz und Rückmeldung über ihr Lernen, was aber nicht zwingend in Form von Noten geschehen muss. Das Kind will seine Fähigkeiten vervollkommnen. Dazu unternimmt es Anstrengungen und vollbringt Leistungen. Der Lohn liegt im Innern des Kindes, wenn es glücklich, zufrieden und stolz ist.

Eine international erprobte Pädagogik

Weltweit gibt es einige tausend Montessori-Kinderhäuser und -Schulen. Die Montessori-Pädagogik kann eine seit Jahrzehnten bewährte Praxis vorweisen.

Auch in Deutschland gibt es Hunderte von Kindergärten und Grundschulen, die meisten von ihnen in privater Trägerschaft, hervorgegangen aus der Initiative von Eltern auf der Suche nach einem pädagogischen Konzept, mit dem sie sich identifizieren können und das sie für ihr Kind wünschen.

Eine aktuelle Pädagogik

Viele aktuelle Forderungen der Wissenschaft für eine Reform des Erziehungs- und Bildungswesens in Deutschland sind seit Jahrzehnten gängige Praxis in der Montessori-

Pädagogik. Die Vorstellung Montessoris von Kinderhaus und Schule als Lebens- und Erfahrungsraum gehen jedoch weit darüber hinaus.

Erkenntnisse
Montessoris
bestätigt

Viele Erkenntnisse, die Montessori vor 80 Jahren aus der Beobachtung von Kindern hinsichtlich Entwicklung und Lernen gewann, wurden inzwischen durch Forschungsergebnisse aus der Neurobiologie, Kognitionspsychologie, Lernforschung und Hirnforschung bestätigt.

Aufgaben der Montessori-Pädagogen

Alle Erzieher und Lehrer haben neben ihrer fachpädagogischen Ausbildung eine Zusatzausbildung mit dem Abschluss des Montessori-Diploms bzw. des Montessori-Sekundarstufenzertifikats.

Montessori-Pädagogen haben gelernt, sich zugunsten des Kindes und im Respekt vor dem Kind zurückzunehmen, seine Entwicklung zu beobachten, zu moderieren und zu unterstützen und für die Einhaltung der Regeln zu sorgen.

1.3   Das Montessori-Zentrum im Grundriss

Montessori-Krippe, Kinderhaus und Montessori-Schule

altersgemischte
Gruppen

Krippe, Kinderhaus und Schule sind Ganztageseinrichtungen für Kinder und Jugendliche von 1 bis 18 Jahren. Die Gruppen sind altersgemischt, die Übergänge sind flexibel.

integrativ

Jedes Kind, ob hoch begabt oder lernschwach, hat Anspruch darauf, gefördert und gefordert zu werden. Daher arbeiten Kinderhaus und Schule integrativ. Kinder mit Entwicklungsproblemen oder Beeinträchtigungen werden nach individueller Prüfung bis zu einer festzulegenden Quote aufgenommen.

Eine Kooperation mit Kinderärzten und Kinderpsychologen sowie entsprechenden Therapieeinrichtungen wird angestrebt, damit alle Kinder und Jugendliche individuelle Begleitung finden können.

Das Zentrum sucht die wissenschaftliche Begleitung durch die Pädagogische Hochschule Karlsruhe oder andere angemessene Institutionen.

Das Montessori-Zentrum unterzieht sich einer regelmäßigen Qualitätssicherung entsprechend dem Montessori-Qualitätssiegel (MQS) bzw. dem künftigen Montessori-Qualitätszertifikat (MQZ).

Montessori-Schule

Die Montessori-Schule ist von der 1. bis zur 10. Klasse eine Gemeinschaftsschule. Am Ende der 10. Klasse erwerben die Schüler einen mittleren Bildungsabschluss. Auf diesem baut eine dreijährige Kollegstufe auf, die zum Abitur führt.

Gemeinschafts-schule

Die Montessori-Schule besteht – den Entwicklungsstufen von Kindern und Jugendlichen entsprechend – aus einer Grundstufe der 6-12-Jährigen, einer Aufbaustufe der 12-16-Jährigen als Erfahrungsschule des sozialen Lebens und einer Oberstufe für die 16-18-Jährigen als Kollegstufe.

Der Schultag ist rhythmisiert in Phasen freier Stillarbeit und Projektarbeit, in Fachunterricht, Übungsphasen, Erholungs- und Freizeitphasen. Die Hausaufgaben sind ins Schulpensum integriert.

Die Montessori-Schule lässt kein Kind zurück, sie vermeidet Sitzen bleiben und negative Auslese. Sie ist bis auf die Abgangszeugnisse eine notenfreie Schule. Sie gewährleistet die Kompatibilität und Anschlussfähigkeit mit dem öffentlichen Schulwesen, was Bildungsziele und Abschlüsse betrifft.

notenfrei

Die Montessori-Schule ist eine weltanschaulich neutrale Schule.

1.4   Ein Zentrum in freier Trägerschaft

Das Montessori-Zentrum als Lebens- und Erfahrungsraum von Kindern und Jugendlichen folgt einer anderen Idee als die herkömmlichen Kindergärten und Schulen.

Mit seinem ausgeprägten Profil versteht es sich innerhalb der Bildungslandschaft als Angebot an Eltern, die für ihre Kinder eine Erziehung und Bildung auf der Grundlage der Montessori-Pädagogik wünschen und in freier Entscheidung wählen.

Hinsichtlich der allgemein geforderten Bildungsstandards und Abschlüsse sieht es sich als kompatibel an, verfolgt aber pädagogisch andere Leitziele und will diese realisieren. Ein Antrag auf staatliche Anerkennung nach dem Privatschulgesetz wird gestellt.

1.5   Montessori-Zentrum und Elternschaft

Die Aufnahme in Kinderhaus oder Schule erfolgt durch Abschluss eines Vertrags zwischen den Eltern und dem Montessori-Zentrum. Über die Aufnahme entscheiden pädagogische Gesichtspunkte.

Träger des Montessori-Zentrums, Pädagogen und Eltern verpflichten sich zur vertrauensvollen Zusammenarbeit.

vertrauensvolle Zusammenarbeit

Die Schule erwartet von den Eltern Offenheit, die Bereitschaft zu Dialog, Information und Engagement und die Bereitschaft, das Kind freizugeben.

Die Schule verpflichtet sich, die Eltern auf Elternabenden, in Gesprächsrunden und Einzelgesprächen zu informieren und ihnen Beratung und Hilfestellung zu geben.

Die Eltern können ihre Talente einbringen und bei verschiedenen Aufgaben mitwirken.

1.6   Finanzierung

Das Montessori-Zentrum finanziert sich durch Elternbeiträge, Zuschüsse von öffentlichen und privaten Fördereinrichtungen sowie durch staatliche Zuschüsse.

Eine soziale Staffelung der Elternbeiträge bzw. die Einrichtung einer Stipendien vergebenden Stiftung wird angestrebt.

1.7   Schluss

Wer als Kind seine Individualität und als Jugendlicher seine Sozialität frei entfalten konnte, hat seine Persönlichkeit bilden können. Auf dieser Basis kann er ein gutes Leben für sich und in der Gemeinschaft der Mitmenschen führen, durch seine Erziehung und Bildung so gestärkt, dass er mit den Anforderungen einer ungewissen Zukunft fertig werden und als Teil der Gemeinschaft dazu beitragen kann, dass diese ihre zukünftigen Herausforderungen bestehen kann.

Darin liegt die wichtigste Aufgabe von Erziehung und Bildung.

Kapitel 2

Grundlagen der Montessori-Pädagogik

2.1 Anthropologische Grundlagen: „Das Kind als Baumeister des Menschen"

Selbstaufbau

„Man sieht oft den einzigen Wert des Kindes für die Menschheit in der Tatsache, dass das Kind in Zukunft ein Erwachsener sein wird. So verlegt man des Kindes Wert für die Menschheit ausschließlich in die Zukunft. Das lässt sich nicht rechtfertigen. Das Kind ist ein wichtiges Wesen in sich selbst."

„Das Kind ist nicht ein leeres Gefäß, das wir mit unserem Wissen angefüllt haben und das uns alles verdankt. Nein, das Kind ist der Baumeister des Menschen."

Jedem Kind wohnt von Anfang an eine schöpferische Kraft inne. Jedes Kind ist ausgestattet mit einem schöpferischen Geist. Jedes Kind ist von Natur aus zu einer spontanen organischen Entwicklung fähig. Diese Entwicklung, verstanden als Wechselspiel von innerer Aktivität und äußerer Umgebung, folgt Gesetzen der Natur. Motor ist dabei die schöpferische Aktivität des Kindes. schöpferische Kraft

Über das genetische Programm hinaus liegt im immanenten Bauplan jedes Kindes seine eigene potentielle Persönlichkeit. In seiner spontanen Tätigkeit offenbart das Kind nach und nach das in seinem Zentrum verborgene Geheimnis, vorausgesetzt, das Kind erhält Freiheit zur Aktivität.

„Der Ursprung der Entwicklung liegt im Innern. Das Kind wächst nicht, weil es sich ernährt, weil es atmet, weil es unter klimatisch geeigneten Bedingungen lebt, es wächst,

weil sich das potentielle Leben in ihm entfaltet."

Die Leistung des Kindes liegt im selbsttätigen Aufbau der eigenen Persönlichkeit. Vom Beginn seines Lebens an tendiert das Kind danach, es selbst zu sein.

Selbstverwirklichung und Persönlichkeitsbildung

„Die menschliche Persönlichkeit muss in den Blick genommen werden und nicht eine Erziehungsmethode."

Der Mensch ist für Montessori ein personales Wesen. Das Kind ist immer als ganze Person, als eine Einheit von Leib und Geist zu sehen. Die geistige Entwicklung ist eng verschränkt mit der leiblichen.

Das Neugeborene ist von Geburt an ein Geschöpf mit Geist, der von Freiheit und Aktivität bestimmt ist. Durch Erfahrungen aus seiner Eigenaktivität sowie durch soziale Erfahrungen baut sich das Kind selbst auf.

Persönlichkeits-
entwicklung durch
Erfahrung

Persönlichkeitsentwicklung kann man nicht im herkömmlichen Sinn lehren. Sie entsteht durch Erfahrung, nicht durch Erklärung. Das Kind, das innerlich ordnend und verarbeitend mit diesen Erfahrungen umgeht, entwickelt seine wachsende und sich organisierende Persönlichkeit. Diese sich bildende Persönlichkeit offenbart sich in jeder Aktivität des Kindes. Montessori spricht von den Kindern als den kleinen Eroberern ihrer selbst und der Welt.

Besondere Bedeutung haben die beiden ersten Lebensjahre, denn während dieser Zeit vollzieht sich nach Montessori die fundamentale Entwicklung, welche die Persönlichkeit des Menschen kennzeichnet. Aufgabe und Bestreben des Kindes ist es, die in ihm ruhenden Potenzialitäten, also seine schöpferische menschliche Kraft, zu entfalten.

Individualität und Sozialität

„Die Bildung der Individualität ist die Basis der Persönlichkeit."

Jeder Mensch ist für Montessori ein einzigartiges, unverwechselbares und unvergleichliches Individuum mit unantastbarer Würde und Unverfügbarkeit der Person. Mit diesem Aspekt der Individualität ist der Aspekt der Sozialität verbunden. Jeder Mensch ist nämlich zugleich ein von Natur aus soziales Wesen, dessen Gemeinschaftlichkeit von sozialen Normen und Regeln bestimmt wird und von Werten wie Gleichheit, Solidarität und Gerechtigkeit. Die freie Individualität ist die Basis für eine vollständige Entwicklung der Personalität. Die volle Personalität besteht in der Integration von Individualität und Sozialität.

Freiheit und Unabhängigkeit

„Die freie Individualität ist die Grundlage für alles. Ohne diese Freiheit ist eine vollstän-dige Entwicklung der Personalität unmöglich. Die Freiheit ist die Basis von allem, und der erste Schritt ist getan, wenn das Individuum ohne Hilfe anderer handeln kann mit dem Bewusstsein, eine lebendige Einheit zu sein."

„Man kann nicht frei sein, wenn man nicht unabhängig ist; deshalb müssen die aktiven Äußerungen von persönlicher Freiheit vom zartesten Kindesalter so gelenkt werden, um zur Unabhängigkeit zu führen."

Der Mensch ist im Unterschied zum instinktgebundenen Tier auf Freiheit hin angelegt. Der Ursprung der Freiheit liegt in der spontanen Aktivität des Menschen. Der Mensch erlebt subjektiv, dass er sich entscheiden kann, dass er zwischen zwei Aktivitäten wäh-len kann.
zwischen zwei Aktivitäten wählen

„Die Freiheit der Wahl führt zur Würde des Menschen."

„Freiheit ist Tätigkeit."

Freiheit ist Voraussetzung für eine optimale Entwicklung des Kindes. Die Erringung von Freiheit und Unabhängigkeit gehört zur Wesensbestimmung des Menschen. Das Kind strebt von Anfang an nach Autonomie und Loslösung vom Erwachsenen. Die Umstellung auf andere Nahrung als Muttermilch, der Spracherwerb, das Laufenlernen, der Erwerb von Kompetenzen sind Schritte auf dem Weg zur Selbständigkeit und Unabhängigkeit. Der Erwachsene muss das Kind freigeben, damit es frei werden kann.
Streben nach Autonomie

Die individuelle Freiheit ist eine relative. Sie hat eine soziale Dimension und Grenze im Gemeinwohl. Sie ist gebunden an Normen und Regeln. Freiheit geht immer einher mit Begrenzung. Die Grenzen geben Halt und Geborgenheit. Durch sie können erst Freiräume entstehen.
Freiheit ist gebunden an Normen und Regeln

Freiheit bedeutet nicht, dass man tut, was man will, sondern Meister seiner selbst zu sein. Freiheit und Unabhängigkeit werden errungen durch Selbstkontrolle, Selbststeue-rung und Selbstdisziplin. Aus der Freiheit erwächst die Disziplin. Freiheit und Disziplin sind damit zwei Seiten einer Medaille.
Meister seiner selbst sein

Polarisation der Aufmerksamkeit und Normalisation

„Die Organisation des psychischen Lebens beginnt mit einem charakteristischen Phä-nomen der Aufmerksamkeit."

„Die innere Konzentration ist ein Phänomen, das man bei allen unseren Kindern er-lebt, das von größter Wichtigkeit für das innere Wachstum ist und das bis jetzt noch niemals als notwendiger Faktor in die Pädagogik einbezogen wurde. Im Gegenteil wird die Konzentration des Kindes sogar überall gestört."

Während einer freien oder frei gewählten Aktivität kann jeder Mensch in einen Zustand von Konzentration bis hin zur Versenkung gelangen. In einer solchen Phase vollzieht
Versenkung

sich ein Wandlungsprozess durch Aufbau einer inneren Ordnung. Konzentration ist ein Koordinieren von körperlicher und geistiger Energie. Beim Kind ist es vor allem die manuelle Tätigkeit mit einem praktischen Ziel, die dazu hilft, eine innere Ordnung zu gewinnen. Die Arbeit ist das Mittel zum Aufbau des inneren Menschen.

Drei Phasen lassen sich innerhalb des Prozesses der Polarisation der Aufmerksamkeit unterscheiden: Die Phase der Vorbereitung ist gekennzeichnet durch ein suchendes Wahlverhalten. Auf sie folgt die Phase der „großen Arbeit". Das Kind begibt sich in den handelnden Umgang und in die Auseinandersetzung mit dem gewählten Gegenstand. In diesem Vorgang geht der Lernende ganz in der Sache auf. Sie wird beendet durch eine Phase der Ruhe bzw. der Entdeckungen. Das Kind ordnet seine neuen Wissenserwerbungen in den schon vorhandenen Wissensbestand ein und löst sich von seiner Arbeit.

Unterdrückung erzeugt Deviation Unterdrückung der kindlichen Aktivität, Bewegung und Eigenwilligkeit lassen das Kind resignieren und erzeugen Deviationen in Verhalten und Charakter. In der Phase der Konzentration beginnt die Rückkehr zur Normalisation. In der freien und konzentrierten Aktivität trainiert das Kind Ausdauer, Präzision, Zielstrebigkeit, Zuverlässigkeit und Anstrengungsbereitschaft. Es schult seinen Willen und seine Entscheidungs- und Urteilsfähigkeit. Die Aktivität weckt Interesse und intrinsische Motivation. Sie verschafft Freude und Befriedigung und gibt ein Gefühl für Selbstwert und Würde.

Selbständigkeit und Selbstmeisterschaft

Durch Selbsttätigkeit erzieht sich das Kind selbst und erringt Kontrolle über sich selbst. Es gewinnt Selbständigkeit, Selbstvertrauen und Selbstbewusstsein. Es kann „Herr einer Kultur" und „Herr seiner selbst" werden. Entwicklungsziel sind beständige und charakterstarke Menschen, „willensstarke, soziale Wesen", die nach Selbständigkeit und Unabhängigkeit, nach Selbstvervollkommnung und innerer Disziplin, nach Urteils- und Entscheidungsfähigkeit und nach Verantwortlichkeit streben, gelenkt von einer universalen Gesinnung der Menschlichkeit und Gerechtigkeit.

Erziehung

„Erziehung heißt nie gestalten, sondern helfen, erleichtern, und nach Möglichkeit schädliche Einflüsse fernhalten."

„Dem Leben helfen, das ist das erste fundamentale Prinzip."

Erziehung wird meistens als direkte, aktive Tätigkeit eines Erziehers am Zögling verstanden, als Prozess der Vermittlung, Hinführung, Anleitung, Erklärung und des Zeigens. Nach Montessori dagegen ist Erziehung nicht das, was der Erzieher oder Lehrer vermittelt, sondern ein natürlicher Prozess, der sich im menschlichen Individuum vollzieht.

Erziehung wird nicht durch Worte erworben, sondern erfolgt durch Erfahrung aus der Umgebung. Allein die individuelle Aktivität des Kindes regt seine Entwicklung an und treibt sie voran. In diesem Sinne ist Erziehung Selbsterziehung. Erziehung als Hilfe zum Leben kann demnach nur indirekt und in einer eigens vorbereiteten Umgebung Anlässe und Mittel zur Bildungsaktivität bereitstellen, was wiederum zur Hauptaufgabe der Montessori-Leiterin wird.

Erziehung durch Erfahrung

2.2   Entwicklungspsychologische Grundlagen

Das Konzept der Entwicklungsstufen

Montessori untergliederte den Entwicklungsprozess in drei große Phasen von jeweils sechs Jahren.

Die erste Entwicklungsphase von 0-6 Jahren hat elementare Bedeutung für den Aufbau der menschlichen Persönlichkeit und für die Entwicklung der Intelligenz. Es ist eine labile, jedoch schöpferische und konstruktive Periode.

Die erste Unterphase von 0-3 Jahren ist gekennzeichnet durch die Tätigkeit des „*absorbierenden Geistes*". Darunter versteht Montessori die Tätigkeit der noch unbewussten Intelligenz, die mit einer vitalen Form von Gedächtnis arbeitet. Das Kind nimmt alle Eindrücke aus der Umgebung wahllos und mühelos wie ein Schwamm auf. Die Eindrücke dringen nicht nur in den Geist, sie formen ihn. Auf diesem Weg passt sich das Kind an die Umgebung an und absorbiert Sitten und Sprache.

absorbierender Geist

Wesentliche Instrumente des absorbierenden Geistes sind Sensorik und Motorik. Der absorbierende Geist arbeitet unter Führung innerer Sensibilitäten, die im Bauplan vorgegeben sind.

In der zweiten Unterphase von 3-6 Jahren analysiert das Kind seine Umwelt und die in der vorhergegangenen Phase absorbierten Eindrücke und nimmt diese bewusst auf. Es wandelt sich vom „*unbewussten Schöpfer zum bewussten Arbeiter*". Es interessiert sich dafür, wie die Dinge heißen und bildet Kategorien.

vom unbewussten Schöpfer zum bewussten Arbeiter

Die zweite Entwicklungsphase von 6-12 Jahren ist eine insgesamt stabile Ausbauphase. Das Kind erweitert seinen Aktionsraum. Es interessiert sich für das Wie und Warum, wobei es nicht nur seine Sinne benutzt, sondern auf dem Weg zur Abstraktion auch seine Vorstellungskraft.

stabile Ausbauphase

Die dritte Entwicklungsphase von 12-18 Jahren ist eine eher labile Umbauphase. Der Jugendliche strebt bewusst nach Unabhängigkeit und Selbständigkeit und Entwicklung der Sozialität.

Entwicklung der Sozialität

Sensible Perioden

Die kindliche Entwicklung vollzieht sich nicht linear, sondern sprunghaft. Sie wird geleitet von periodisch auftretenden Triebkräften, welche die Entwicklung steuern. Diese sensiblen Perioden sind von vorübergehender Dauer und dienen dazu, die Erwerbung einer bestimmten Fähigkeit zu ermöglichen. Es besteht eine hohe Empfänglichkeit für bestimmte Lerninhalte. Währendsolcher Phasen lernt das Kind außerordlich leicht, effektiv und nachhaltig. Allerdings schließen sich diese Lernfenster wieder und Empfänglichkeiten können verpasst werden.

Empfänglichkeiten können verpasst werden

Jede Entwicklungsphase ist gekennzeichnet durch bestimmte Sensibilitäten. Diese werden an gegebener Stelle (Früherziehung, Kinderhaus, Schule) erläutert.

2.3 Lernpsychologische Grundlagen

„Wer lernt, darf nicht gelangweilt oder ermüdet werden. Er muss zu größerer Begeisterung und zu mehr Nahrung gelangen."

Aus Gründen der besseren Lesbarkeit wird nur vom „Kind" gesprochen. Die Aussagen beziehen sich jedoch sinngemäß ebenso auf den Jugendlichen.

Spontane Aktivität und angeborene Neugier als treibende Kräfte des Lernens

„Wir müssen von normalen Kindern folgendes erwarten: die spontane Untersuchung der äußeren Umgebung, wie ich sie nenne, die freiwillige Erforschung der Umgebung. In solchem Fall empfinden die Kinder eine Freude bei jeder ihrer Neuentdeckungen; dies gibt ihnen ein Gefühl von Würde und Befriedigung, das sie ermutigt, immer neue Eindrücke in der Umgebung zu suchen, und macht aus ihnen spontane Beobachter."

Der Ursprung des Lernens liegt in der spontanen Aktivität. Lernen kommt in Gang durch ein gelingendes Wechselspiel mit Anregungen aus der Umwelt. Freiheit und Geist des Menschen kommen in spontanen psychischen Äußerungen zum Vorschein. Dem Kind wohnt von Anfang an ein Drang zu Bewegung und Aktivität inne. Durch Bewegung und Aktivität kommt es zu Sinneseindrücken, zum Aufbau und zur Ausdifferenzierung der sensorischen Wahrnehmung, zum Aufbau und zur Verfeinerung der motorischen Funktionen und zur Koordination beider Systeme.

Das kleine Kind absorbiert Eindrücke und Erfahrungen und baut so seinen Geist auf. Jedes Kind hat auch einen angeborenen Drang, die soziale und materielle Welt zu begreifen. Diese Neugier ist nicht beliebig. Sie wird festgelegt durch die Fähigkeiten, die heranreifen und erworben werden, und die durch Erfahrung gefestigt werden sollen. Durch epigenetische Prozesse des Lernens kann das Kind zu einer Feinabstimmung mit seiner Umgebung gelangen. Allerdings schützt sich das kognitive System vor Informationsüberflutung, indem es nur Neues und Wichtiges herausfiltert und speichert.

Entwicklungsspezifisches Lernen

Die Entwicklung des Kindes folgt bestimmten Gesetzen, die sich durch Beobachtung feststellen lassen. Die Interessen eines Kindes sind in jedem Alter spezifisch für seinen jeweiligen Entwicklungsstand. Das Kind ist kein Gefäß, das sich mit beliebigen Inhalten oder Erfahrungen füllen lässt. Es ist selektiv in seinem Verhalten und in den Erfahrungen, die es macht.

Da das Kind nicht irgendwelche Erfahrungen verarbeitet, sondern hauptsächlich solche, die seinen Interessen und Neigungen entsprechen, tritt die Individualität des Kindes im Laufe seines Lernens immer stärker in Erscheinung. Das Kind braucht in seiner Umge-

Individualität tritt in Erscheinung

bung Erfahrungsmöglichkeiten und Tätigkeitsangebote, die seinem Entwicklungsstand entsprechen, seine Neugier ansprechen und Tätigkeit auslösen.

Lernen als aktiver, autodidaktischer, individueller, selbstgesteuerter Prozess

Lernen ist kein passiver Vorgang, bei dem Wissen von einem überlegenen Geist zu einem anderen transportiert wird. Was weitergegeben wird, muss von dem lernenden Individuum in eigener Aktivität und Steuerung selbst aufgenommen und verarbeitet werden. Das Kind baut sich physisch und geistig selbst auf. Es lernt durch eigene Tätigkeit und Erfahrung. Niemand kann für das Kind lernen. Im Prinzip muss es mit Unterstützung seiner Umgebung sein eigener Lehrer werden.

Kinder wollen selbst lernen

Wenn Lernen ein aktiver, selbstgesteuerter Prozess des Lernenden selber ist, dann ist Belehren die falsche Antwort. Kinder wollen nicht belehrt werden, sondern selbst lernen. Jedes Kind hat seine eigenen individuellen Lernvoraussetzungen je nach seiner Begabung, seiner Emotionalität, seinem Lernverhalten, seinem sozialen Milieu, seinen Vorkenntnissen und Interessen. Jedes Kind lernt anders, jedes hat seinen eigenen Lernzugriff und sein eigenes Lerntempo. Was ein Kind lernt und speichert, entscheidet es letztlich selbst. Lernen kann daher eigentlich nicht im Gleichschritt erfolgen, sondern sollte so weit wie möglich differenziert erfolgen.

Lernen als sozialer und integrativer Prozess

Lernen ist auch ein soziales Geschehen. Man lernt mit anderen und von anderen, hilft und lässt sich helfen, erfährt Anregungen, Anerkennung und Kritik. In altersgemischten Gruppen lernt man zu kooperieren und zu kommunizieren. Man lernt, die Verschiedenheit der anderen zu respektieren und zu tolerieren. Man lernt die Einhaltung sozialer Regeln, lernt Rücksichtnahme und Disziplin.

Lernen sollte integrativ statt selektiv sein. Eine Lerngruppe sollte starke und schwache Kinder umfassen und Kinder mit besonderen Entwicklungsproblemen so weit wie möglich integrieren.

Freiheit als Grundlage selbstbestimmten Lernens

Das Kind braucht existenziell Freiheit, um selbst tätig werden zu können und eigene Erfahrungen zu machen. Es wählt die seinen Entwicklungsbedürfnissen und Interessen entsprechenden Tätigkeiten und Arbeiten, entscheidet sich für sie, führt sie durch, kontrolliert, so bald es möglich ist, seinen Erfolg und übernimmt damit mehr und mehr eigene Verantwortung für sein Lernen. Dieses Lernen geschieht inmitten einer vom Erwachsenen vorbereiteten Umgebung und mit seiner Unterstützung.

Für das Kind liegt der Anreiz des Lernens nicht im Endprodukt von Fähigkeiten, Einsichten und Wissen, sondern im Lernprozess selbst. Nur wenn es sein Handeln selbst entscheiden, steuern und kontrollieren kann, wird es interessiert bleiben, und seine Aktivitäten werden zu sinnvollen Erfahrungen. Zum Lernen gehört das Fehlermachen, gehören Umwege, Versagen und Erfolg, negative Gefühle wie Enttäuschung ebenso wie positive Gefühle des Stolzes.

Lernen durch Selbsttätigkeit und Erfahrung

Montessori spricht von der Hand als dem *„Organ des Geistes"*, deren Greifen Grundlage allen Begreifens sei. Daher braucht das Kind Handlungsfreiheit und Gegenstände, mit denen es hantieren kann. Aus den Handlungen entstehen Vorstellungsbilder und Anschauungen. Ohne vorausgegangenes Handeln gibt es keine Anschauung, die zu Einsicht und echtem Verstehen führt.

Greifen ist Grundlage allen Begreifens

Gemäß seinen je eigenen Voraussetzungen, Neigungen und Potenzialen muss jedes Kind durch eigene Tätigkeiten, Erlebnisse, Beobachtungen und Eindrücke seine Erfahrungen machen und so seinen Geist und seine geistige Welt selbst aufbauen. Je mehr Erfahrungen das Kind macht, umso besser und schneller kann es Neuigkeit und Bedeutsamkeit einer Sache identifizieren.

Vorzug des Allgemeinen und der Zusammenhänge vor den Einzelheiten

Von Geburt an sucht der menschliche Geist seine Umgebung nach Regeln, Mustern und Invarianzen ab. Er sucht nach Zusammenhängen, durch die Einzelheiten erst Sinn erhalten und innerhalb derer sie erst interessant werden. Er ist auf das Lernen von Allgemeinem aus, indem er aus vielen einzelnen Erfahrungen Regeln verallgemeinert. Der menschliche Geist ist auf Strukturen und Ordnungen ausgerichtet.

Regeln, Muster und Invarianzen

Vorzug des verstehenden Lernens vor dem reproduzierenden Lernen

Aktives Verstehen ist das Produkt eines Entdeckungsprozesses. Dabei steht dem Lernenden ein Problem oder eine Beobachtung so lange vor Augen und wird von ihm so lange umgewälzt, bis ein Verstehen eintritt. Aktives Verstehen ruft beim Kind das Bedürfnis hervor, die entsprechende Tätigkeit zu wiederholen, um sie vollkommen zu meistern.

Probleme wälzen

"Derjenige, der selbst versteht, hat einen unerwarteten Eindruck: Er fühlt, dass sein Bewusstsein frei geworden ist und dass in ihm etwas hell aufleuchtet. Das Verstehen ist dann nicht etwas Gleichgültiges. [...] Wenn man sagt ‚Es geht mir ein Licht auf',

meint man damit einen schöpferischen Vorgang. Dieses Sich-auf-tun des Geistes ist das aktive Verstehen, das von starken Gemütsbewegungen begleitet ist und das man daher wie ein inneres Erlebnis verspürt."

Lernen und Wahrnehmung

Sinneserziehung

Wahrnehmungsleistungen sind die Grundlage aller höheren kognitiven Funktionen. Durch Wahrnehmungsschulung und Sinneserziehung muss das Wahrnehmen gelernt und differenziert werden. Das Kind braucht dazu Anreize in seiner Umgebung, Freiheit und Muße, damit sich seine Sinnesleistungen entwickeln und verfeinern können.

Lernen und Bewegung

Bewegung und Wahrnehmung sind eine grundlegende Einheit. Beim Denken, Überlegen, Konzentrieren ist der Körper aktiv. Spannungen entstehen und lösen sich in motorischen Aktionen. Insbesondere kleine Kinder sind beim Lernen in ständiger Bewegung. Für sie gibt es im eigentlichen Sinn kein Lernen ohne Bewegung.

Lernen und Gefühle

ganzheitliches Lernen

Das Lernen des Kindes erfolgt ganzheitlich in einer Einheit von Handlung, Wahrnehmung, Denken und Gefühl.

Alles, was mit positiven Gefühlen verbunden ist, wird besonders gut gelernt. Demnach kommt es beim Lernen auch darauf an, wie die Lernatmosphäre ist, ob sich Lernfreude einstellt und ob ein Lernerfolg entsteht, der Stolz und Zufriedenheit auslöst. Ist Lernen dagegen mit Gefühlen von negativem Stress und Angst verbunden, so werden mit dem Gelernten auch die damit verbundenen negativen Gefühle gespeichert und beim Aufrufen der Wissensinhalte mit hervorgerufen.

Freiheit und Selbstbestimmtheit des Lernens sind eine wichtige Grundlage für das Entstehen von Gefühlen wie Stolz auf die eigene Leistung, sowie Stärkung des Selbstwertgefühls und des Selbstbewusstseins.

Lernen und Aufmerksamkeit

Polarisation der Aufmerksamkeit

Formung des Charakters

Lernen setzt einen wachen Geist und selektive Aufmerksamkeit voraus. Besonders intensiv sind solche Lernprozesse, wenn das Kind in eine Phase der Polarisation der Aufmerksamkeit gerät und sich vollkommen in seine Arbeit vertieft. Hier findet nicht nur die Assimilierung von Wissensinhalten oder das Aneignen einer Fertigkeit statt, sondern in diesem Stadium kommt es auch zu Wandlungs- und Formungsprozessen des Charakters. Das Kind verändert sich. Es bringt Ausdauer und Geduld hervor.

Das Arbeiten im Zustand polarisierter Aufmerksamkeit bezeichnet Montessori als *voll-kommene Art des Lernens*". Es richtet sich aus auf Präzision und Ordnung. Damit die Aufmerksamkeit sich polarisieren kann, muss diese innere Aktivität eine äußere Anregung vorfinden.

Lernen und Wiederholung

Im eigentlichen und nachhaltigen Sinne geschieht Lernen nicht mit der Darbietung eines neuen Gegenstandes, sondern erst in der wiederholten Begegnung mit diesem Gegenstand. Das Kind braucht Zeit zur Wiederholung seines Tuns. Im weiteren Verlauf braucht das Kind Gelegenheiten und Anreize zur Erprobung, Vertiefung und zum Transfer des neu Gelernten.

Lernen und Leistung

Das Kind baut sich selbst auf. Es bildet und erzieht sich selbst. Es lernt selbst. Darin liegt seine Leistung. Leistung ist mehr als die Erfüllung eines Pensums. Leistung ist eine Selbstbeanspruchung in sachlich-inhaltlicher, geistiger, emotionaler, körperlicher Hinsicht und in sozialer und sittlicher Verantwortung.

Jedes Kind hat einen Drang nach Entfaltung seiner Potenziale und nach Vervollkommnung seiner Fähigkeiten. Dazu unternimmt es Anstrengungen und vollbringt große Leistungen. Der Lohn liegt im Innern des Kindes, wenn es glücklich, zufrieden und stolz ist. Das messbare Lernprodukt macht nur einen kleinen Teil der komplexen Lernleistung eines Kindes aus, dessen Lernprozesse auf Grund der stärkeren Differenzierung und Individualisierung viel komplizierter zu erfassen sind.

Drang nach Entfaltung und Vervollkommnung

Wenn Sinn und Ziel des Lernens in der Entwicklung der Persönlichkeit und der Ausformung des Charakters liegen, dann stehen nicht mehr operationalisierbare Kompetenzen im Zentrum der Lernanstrengung, sondern es geht weit über sie hinaus um Metakompetenzen wie Lernlust, Mitgefühl, Teamfähigkeit etc., die wegen ihrer Komplexität nicht zu operationalisieren sind.

Metakompetenzen

Die Begleitung und Beratung des Lernprozesses ist wichtiger als die Beurteilung des Lernprodukts. Vielmehr gilt es herauszufinden, wie ein Kind lernt, wo seine Stärken liegen, welche Schwierigkeiten es hat und welche Hilfe es benötigt. Kinder sollten an ihren individuellen Lernmöglichkeiten gemessen werden.

Beratung des Lernprozesses

Lernen ohne Zensuren und Selektionsdruck

Das Lernen des Kindes hat seine Begründung in sich selbst: Sein Sinn liegt nicht im Erwerb von Zeugnissen und Berechtigungen, sondern in der Bildung der Persönlichkeit. Überall da, wo Leistungsvergleiche möglich sind oder gar stimuliert werden, kommt es zu rivalisierendem Lernen und zur Orientierung am Konkurrenzdenken – das Gemeinschaftsleben wird vergiftet. Auch Loben, Strafen oder das Verfolgen von Fehlern stören das Lernen. Kinder lernen durch Fehler, indem sie auf diese achten, sie einer Kontrolle unterziehen und dann selbst korrigieren.

realistisches
Selbstbild gesucht

Die Angst vor Versagen und vor sozialer Bloßstellung beeinträchtigen das Lernen. Stattdessen brauchen Kinder vor allem Ermutigung und Förderung, um ihre Lernfreude und Anstrengungsbereitschaft zu wecken. Kinder brauchen Resonanz und wollen Rückmeldung über ihre Lernwege, ihren Lernstand und ihren Lernerfolg. Sie wollen sich einschätzen und brauchen die Bestätigung anderer, um zu einem realistischen Selbstbild zu kommen. Sie müssen ihre neu erworbenen Fähigkeiten und Kenntnisse erproben und testen können, um verlässliche Hinweise über die Qualität ihres Lernens zu bekommen.

Kinder erhalten Rückmeldung durch Selbsttests oder Fremdtests, durch Gespräche, Notizen, Lernbücher oder andere noch zu entwickelnde Formen.

Lernen als Selbsterziehung und Selbstbildung

Aus der spontanen Aktivität wächst die Arbeit. Die freie Wahl der Tätigkeit ist der wichtigste Schritt der Selbsterziehung. Das Kind braucht Freiheit und Erfahrungen in der Umwelt, um sich entwickeln und seinen Charakter formen zu können.

soziale Tugenden
entwickeln

Im freien Zusammenleben kann es soziale Erfahrungen machen und soziale Tugenden entwickeln. Jedes Kind muss sich die Kultur und wichtige Wissensbestände seiner Umgebung aneignen, um sein Wissen und Können aufzubauen und seine Persönlichkeit zu entwickeln. Selbstbildung und Selbsterziehung, Bildungsziele und Erziehungsziele gehören zusammen.

In der Arbeit an Lerngegenständen entwickeln sich individuelle und soziale Tugenden, Einstellungen und Werthaltungen. Interessen und innere Motivation können geweckt und Begeisterung kann entfacht werden. Während der freien selbstgesteuerten Beschäftigung mit Lerngegenständen kann sich Aufmerksamkeit polarisieren, wodurch Prozesse der Normalisation und Wandlung entstehen können.

Wichtig ist dabei die Freiheit: die Freiheit aktiv zu werden durch die freie Wahl der Arbeit und das an Regeln gebundene freie soziale Leben, damit das Kind durch Erfahrungen lernen und sich entwickeln kann.

2.4   Didaktische Grundlagen

„Das Lernen ist einer wesentlichen Bedingung unterworfen, nämlich, dass der Schüler Wissen erwerben will, dass er Aufmerksamkeit aufbringen kann – für was auch immer – wenn es ihn nur interessiert. Seine geistige Aktivität ist die unentbehrliche

Bedingung für ein Gelingen. Alles, was langweilt, entmutigt oder unterbricht, wird zu einem Hindernis, das durch keine logische Vorbereitung des Unterrichts überwunden werden kann. Was man also untersuchen muss, sind die notwendigen Voraussetzungen, um spontane Aktivität des Individuums zu entwickeln, die Kunst, Freude und Begeisterung für die Arbeit zu wecken. Das Interesse, das die spontane Aktivität steuert, ist der wahre psychologische Schlüssel."

„Das Interesse des Kindes hängt allein von der Möglichkeit ab, eigene Entdeckungen zu machen."

Vorbereitete Umgebung

In der Montessori-Pädagogik ist das Kind nicht Objekt von Erziehung und Bildung, sondern Subjekt seines Selbstaufbaus, seiner Selbsterziehung und Selbstbildung. Es braucht Gegenstände, Anregungen und vor allem Freiheit, um selbst tätig werden zu können und sich bewegen zu können. Es braucht eine Umgebung, die seiner Aktivität, seinen Entwicklungsbedürfnissen und -sensibilitäten und seinen Interessen angepasst ist. Die Umgebung muss so beschaffen und vorbereitet sein, dass das Kind Bedingungen findet, die für die Konzentration günstig sind.

Das Kind braucht Freiheit der Zeit hinsichtlich der Dauer der Konzentration mit einem Gegenstand und es braucht Freiheit, die soziale Form der Arbeit zu wählen, die seinem Bedürfnis entspricht.

Neben der Freiheit der Wahl einer Arbeit oder Tätigkeit ist die Freiheit der Kooperation mit anderen Kindern unabdingbar. Die individuelle Erziehung basiert auf der freien Wahl des Kindes. Die soziale Erziehung ergibt sich aus den Möglichkeiten der Kooperationen von Kindern in freien Lernprozessen altersgemischter Gruppen.

Ort der freien Selbsttätigkeit und Kooperation

„Wenn wir von ‚Umgebung' sprechen, so verstehen wir darunter die Gesamtheit aller Dinge, die das Kind frei in ihr auswählen und so lange benutzen kann, wie es will, also gemäß seinen Neigungen und seinem Bedürfnis nach Tätigkeit. Die Lehrerin tut weiter nichts als ihm am Anfang zu helfen, sich unter so vielen verschiedenen Dingen zurechtzufinden und ihren genauen Verwendungszweck zu erlernen; sie führt das Kind also in das geordnete und aktive Leben seiner Umwelt ein. Doch dann lässt sie ihm seine Freiheit bei der Auswahl und Verrichtung seiner Tätigkeit."

„In der Umgebung liegt eine erzieherische Kraft, die alles um sie herum durchdringt. Die Menschen, Kinder und Lehrerin, haben ihren Anteil daran."

Die vorbereitete Umgebung soll ein Ort sein, an dem das Kind mehr und mehr selbst tätig werden und in eine lebendige Beziehung zu den Gegenständen und zu anderen Kindern und Erwachsenen treten kann. Sie hilft dem Kind, unabhängig zu werden.

gleichgültige und
belanglose Dinge
ausschließen

Deshalb sollten nur Dinge, die der Entwicklung des Kindes förderlich sind, in ihr Platz finden. Gleichgültige oder belanglose Dinge sollten ausgeschlossen sein, damit nichts die Energien des Kindes an ihrer Entfaltung hindert.

„Die Grundlage ist also nicht das Nachdenken darüber, wie man das Kind lehren oder erzieherisch beeinflussen kann, sondern wie man ihm eine Umgebung schaffen kann, die seiner Entwicklung förderlich ist, um es dann in dieser Umgebung sich frei entwickeln zu lassen."

Begrenzung, klare Struktur und äußere Ordnung der Umgebung

Nicht das Kind soll sich einer vorgefassten Umgebung anpassen, sondern die Umgebung muss dem Kind angepasst werden.

alles in
Kinderproportionen

Für das kleine Kind bedeutet dies, dass nicht nur Gegenstände, sondern alle Einrichtungsteile den Maßen und dem Vermögen des Kindes proportional angepasst sind. Gleichzeitig bedeutet es auch Angepasstheit der Anregungen an die Bedürfnisse und Neigungen, wobei im Sinne eines progressiven Lernprozesses auch weiterführende Angebote bereitgehalten werden. Wo es von der Sache bzw. von der Entwicklung her notwendig ist, sollen Arbeitsmittel dem Prinzip der aufsteigenden didaktischen Leiter entsprechen.

Material
mengenmäßig
begrenzt

Für das kleine Kind darf die Umgebung nicht kompliziert sein, weil ihm sonst die Orientierung unnötig erschwert wird. Sie muss klar gegliedert und für das Kind überschaubar sein. Das Material muss mengenmäßig begrenzt sein. Die ungeordnete Vielzahl von Dingen beschwert den Geist des Kindes mit neuem Chaos und bedrückt es durch Entmutigung. Andererseits sollte kein Mangel an geistiger Nahrung herrschen.

Jedes Material sollte aus sozialerzieherischen Gründen nur einmal vorhanden sein, damit Kinder lernen, aufeinander zu warten und zu kooperieren. Klare Ordnungsstrukturen in der Umgebung unterstützen das Kind beim Aufbau eigener innerer Ordnungen und Strukturen.

Die inhaltliche Vorbereitung der Umgebung muss nach den entwicklungspädagogischen Prinzipien der jeweiligen Sensibilitäten erfolgen.

Ästhetik der Umgebung

Die Räume sollten so sein, dass Kinder sich frei bewegen können. Einrichtungsgegenstände sollten ansprechend sein und der Größe der Kinder angemessen. Die Räume sollten hell und freundlich sein. Sie sollten attraktive Gegenstände, Pflanzen und Tiere zur Pflege aufweisen. Eine Terrasse oder ein Garten sorgen für die Arbeit an frischer Luft. Es sollten Gelegenheiten für das Erproben und Üben körperlicher Geschicklichkeit vorhanden sein.

Übungen der Stille

Bereits die konzentrierte Arbeitsatmosphäre während der Freiarbeit strahlt eine gewisse Ruhe aus. Um Kinder bei ihrer Individuation/Persönlichkeitsbildung weiter zu unterstützen, werden regelmäßig die montessori-spezifischen Übungen der Stille durchgeführt.

Freies Arbeiten

In der komplexen Lernsituation des freien Arbeitens oder der freien Tätigkeit bildet und erzieht sich das Kind selbst mit dem Ziel, die eigene Freiheit zu erringen. Im Zentrum dieser Vorgänge steht die Polarisation der Aufmerksamkeit. Bedingung hierfür ist, dass das Kind in seiner Umgebung Anregungen zum Handeln findet, die seiner Entwicklung, seinen Bedürfnissen und Interessen entsprechen. Es muss die Freiheit der Wahl, der Zeit, der Zahl der Wiederholungen, der Form und des Orts seines Arbeitens haben.

Während des freien Arbeitens steuert das Kind sein Lernen in seinem eigenen Tempo und mit individuellem Zugriff. In der arbeitenden Auseinandersetzung mit strukturiertem Material konstruiert das Kind die den Dingen innewohnenden Gesetze und Bildungsinhalte selbst – es bildet und belehrt sich quasi selbst.

Dies geschieht in aktiver Form. Das Kind beobachtet, erkundet, probiert, fragt, überlegt, ändert ab, macht Fehler, analysiert sie und kontrolliert sie. Es arbeitet allein oder mit anderen. Das Kind wählt sich in freier Entscheidung ein Material. Die freie Wahl ermöglicht interessegeleitetes Lernen und schafft intrinsische Motivation.

intrinsische Motivation

Von großer Bedeutung hinsichtlich eines nachhaltigen Lernens durch Einsicht ist es, dass das Kind gegebenenfalls über Wochen und Monate hinweg die Gelegenheit zur Wiederholung hat. Montessori geht es nicht primär um Lernziele, sondern um die Persönlichkeitsentwicklung. Selbstverständlich nehmen Kinder die den Materialien innewohnenden Bildungsziele auf, lernen also.

Gelegenheit zur Wiederholung

Erziehung ist *„Hilfe zum Leben"*. Schlüssel dabei ist die Polarisation der Aufmerksamkeit, innerhalb derer ein Prozess der Organisation des Psychischen und der Verwandlung geschehen kann. Freies Arbeiten ist der Weg dorthin – im Rahmen eines pädagogischen Gesamtkonzepts. Freies Arbeiten nach Montessori ist daher keine Unterrichtsform oder didaktische Variante neben anderen, sondern es ist das Zentrum des Lernens nach Montessori, in dem Selbstaufbau und Selbstbildung des Kindes stattfinden.

Die Bedeutung der Freiarbeit für das Kind

Das Kind lernt, sich selbständig einer Arbeit zuzuwenden. Es lernt, sich für eine Arbeit selbst zu entscheiden und seine Aufmerksamkeit an einen Gegenstand zu binden. Es kann nach seinem Rhythmus die Arbeit durchführen. Es kann genau von seinem

eigener Rhythmus

von Interessen
leiten lassen

Selbstkontrolle

Wissensstand aus in die Arbeit einsteigen. Es lernt, allein zu arbeiten und mit einem Partner oder einer Gruppe zusammenzuarbeiten. Es kann sich von seinen Interessen leiten lassen. Es lernt, Verantwortung für seine Entwicklung zu übernehmen. Es lernt, zu planen und in die Zukunft zu blicken. Es lernt, seine Arbeit ehrlich und selbstkritisch zu kontrollieren und zu beurteilen.

Handlungskompetenz

Das Kind erwirbt durch seine Tätigkeit schrittweise Selbständigkeit und dadurch Unabhängigkeit vom Erwachsenen. Es erwirbt Handlungskompetenz. Dadurch steigert sich sein Selbstwertgefühl und sein Selbstbewusstsein. Das Kind wird zufrieden und gelassen im Umgang mit Kameraden und Lehrern. Es wird offen für die Belange seiner Umgebung und damit fähig, das moralische und soziale Leben seiner Gruppe hilfreich zu beeinflussen.

Freiheit und Bindung

Regeln

Das freie Arbeiten ist an Regeln gebunden. Das Kind muss mit dem Material korrekt, also sachgemäß umgehen. Andere dürfen nicht gestört werden. Eine begonnene Arbeit sollte beendet werden. Am Ende soll das Kind seine Arbeit selbst kontrollieren. Das Material muss wieder an seinen festgelegten Platz geräumt werden.

Das Montessori-Material

isolierte
Schwierigkeit

Jedes Material ist definiert durch seine Stellung und Funktion innerhalb einer sensitiven Periode und durch eine im Material isolierte Schwierigkeit, die durch pädagogische Beobachtung und Analyse von Lernprozessen festgestellt wurde. Das Kind nimmt mit dem Material ihm zuvor gezeigte Handlungen vor. Dabei nimmt es die im Material „eingebauten" Inhalte bzw. Schwierigkeiten als *„materialisierte Abstraktion"* auf und bearbeitet sie.

Das Material ist kein Lehr- oder Demonstrationsmittel als Hilfe für die Lehrerin, sondern Hilfe für das Kind. In diesem Sinne ist jedes Material *„Entwicklungsmaterial"*. Es soll als *„Schlüssel zur Welt"* dienen, nicht jedoch Ersatz für die Welt sein.

„Wir müssen dem Kind die Philosophie der Dinge geben."

Die Materialien sind äußere Anreize, mit deren Hilfe sich die psychische Entwicklung organisiert. Die Verwendbarkeit der Materialien kann auf experimentellem Weg festgestellt werden und zwar nach den Kriterien, ob sie in der Lage sind, die Aufmerksamkeit des Kindes zu wecken und seine natürlichen Bedürfnisse anzusprechen und ob das Kind in wiederholter Tätigkeit bei ihnen verweilt.

Das Kind wählt das Material frei auf Grund innerer Bedürfnisse. Zwischen Bedürfnis und Stimulus besteht absolute Passung. Das Material spiegelt die Spur der inneren Entwicklung und der Bedürfnisse der kindlichen Seele wider und stellt so die Schiene dar, auf der sich das Kind in seiner Entwicklung fortbewegt.

Materialgruppen

Für das Kinderhaus gibt es die Übungen des praktischen Lebens: Übungen zur Pflege der Person, der Umgebung und des Umgangs mit anderen Personen.

Es gibt Bewegungsübungen, solche der Stille und rhythmische Übungen.

Die Sinnesübungen dienen der Verfeinerung der Sinneswahrnehmungen und der Begriffs- und Kategorienbildung.

Darüber hinaus gibt es noch didaktische Materialien für Sachgebiete:

- Material für die Vorbereitung des Schreibens und Lesens

- Material zur Spracherziehung

- Material zur Einführung in das Zählen, in die vier Grundrechenarten sowie zur Flächen- und Körperberechnung

- Biologie- und Geografie-Material

Mit der Entwicklung der Vorstellungskraft des Kindes und der Abstraktion nimmt die Bedeutung des Materials ab.

Eigenschaften des Materials

Jedes Material soll ästhetisch ansprechend sein, so dass es das Kind zur Tätigkeit auffordert. Es soll in der Qualität wertvoll sein und in Form und Farbe harmonisch, damit das Kind den behutsamen und pfleglichen Umgang mit den Dingen lernt. *ästhetisch*

Das Material muss dem Tätigkeitsdrang des Kindes angemessen sein, sich umstellen, benutzen und transportieren lassen und intensives Interesse wecken und nicht oberflächlichen Reiz. *Interesse wecken*

Das Material ist mengenmäßig begrenzt. Das Kind braucht keine zusätzlichen Reizmittel, sondern Struktur, die ihm hilft, seinen Geist und seine Erfahrungen zu ordnen. Dass Kind soll in seiner Umgebung das ausgewählt vorfinden, was für seine Entwicklungsbedürfnisse bedeutend und notwendig ist. Jedes Material ist in der Regel nur einmal vorhanden.

In das Material ist eine immanente Fehlerkontrolle eingebaut, die dem Kind ermöglicht, seinen Lernschritt unabhängig vom Urteil anderer kritisch zu überprüfen. Das Material muss exakt sein und von der Sache her korrekt. Es muss Verstehen ermöglichen und klare Begriffsbildung fördern. *immanente Fehlerkontrolle*

Um Struktur, Ordnung und Konzentration zu fördern, ist in einem Material jeweils eine Eigenschaft, ein Problem, ein Thema isoliert.

intensives
Verweilen

Das Material sollte sensible Phasen berücksichtigen und den Vorgang der Polarisation der Aufmerksamkeit unterstützen, indem es ein intensives Verweilen erfordert. Es sollte den Aufbau einer inneren Ordnung begünstigen und zur Selbsterziehung geeignet sein.

Die Technik der Darbietung

Die Aufmerksamkeit des Kindes soll von allem isoliert werden, was nicht Gegenstand der Lektion ist. Der Arbeitsplatz sollte ruhig und geordnet sein und das Material sich auf einem ansonsten völlig leeren Tisch befinden.

knappe, einfache
Worte

Die Erzieherin zeigt dem Kind mit knappen, einfachen Worten und präzisen Anweisungen den Gebrauch des Materials.

Sie sollte den Gegenstand mit lebhaftem Interesse präsentieren, um das Interesse des Kindes zu wecken.

Falscher Gebrauch muss verhindert werden, da das Material sonst seinen Zweck verfehlt und Zerstreuung der kindlichen Energie hervorruft. Etwas anderes ist es, wenn ein Kind, welches korrekt arbeitet, einen Fehler macht.

nicht stören

Arbeitet das Kind konzentriert mit dem Material, darf es nicht gestört oder unterbrochen werden, weder durch Lob noch Tadel noch Fehlerkorrektur.

Individuelle Lektionen sind intensiver. Die Erzieherin wirbt behutsam einladend um die Darbietung eines Materials.

Drei-Stufen-Lektion

Neue Begriffe werden in Form der Drei-Stufen-Lektion eingeführt. In der ersten Stufe wird das Objekt benannt. In der zweiten Stufe erkennt das Kind den diesem Objekt entsprechenden Begriff wieder und in der dritten Stufe verwendet das Kind den Begriff zur Bezeichnung des Objekts.

Altersmischung

drei Jahrgänge

Das Prinzip der Altersmischung fördert die Entfaltung von Sozialität. In der Regel werden drei Jahrgänge gemischt.

Durch Kooperation können soziale Verhaltensweisen wie Toleranz und Respekt vor der Arbeit anderer, Rücksichtnahme auf die Rechte anderer, soziale Harmonie und Disziplin entstehen. Eingeübte Regeln für das Leben in der Gemeinschaft werden von jüngeren Kindern leichter übernommen. Die älteren Kinder hingegen werden in ihrem Verantwortungsbewusstsein gestärkt. Aus der gegenseitigen Hilfe erwachsen Achtung der Kinder voreinander und Interesse aneinander. Ein geistiges Klima, in dem jeder in seinem Können anerkannt und entsprechend gefördert wird, andererseits aber keiner wegen seiner Schwächen ausgelacht wird, kann in der Gemeinschaft entstehen.

In kooperativen Lernprozessen lernt das jüngere Kind von dem älteren, und das ältere ist gehalten, bei der Weitergabe seines Wissens dieses so zu ordnen, dass es informativ und verständlich mitteilbar wird. Eigene Unklarheiten können dabei deutlich werden und zu einem Prozess der Klärung führen. Dadurch erleben die Älteren einen Zuwachs an Fähigkeiten. Außerdem wird ihr Selbstbewusstsein gestärkt, denn sie erinnern sich, dass das, was ihnen früher einmal selbst schwierig erschien, heute leicht für sie ist.

Jüngere Kinder sehen die Arbeit der älteren und streben Teilnahme an. Dadurch kann für beide Primärmotivation und Lerninteresse gesteigert werden. Ein jüngeres Kind kann aber in bestimmten Belangen auch ein älteres übertreffen. In altersgemischten Gruppen werden Konkurrenz und Rivalisieren eingedämmt. Das trägt zum Abbau von Gewalt bei und fördert eine friedliche Atmosphäre.

Jüngere lernen von Älteren

friedliche Atmosphäre

Rolle des Erziehers

„Bei meiner Methode unterrichtet die Lehrerin wenig, beobachtet viel und hat vor allem die Aufgabe, die psychische Aktivität der Kinder sowie ihre physiologische Entwicklung zu leiten. Deshalb habe ich den Namen Lehrerin in Leiterin geändert."

„Dem Kind gehört der erste Platz, und der Lehrer folgt ihm und unterstützt es. Er muss auf seine eigene Aktivität zugunsten des Kindes verzichten. Er muss passiv werden, damit das Kind aktiv werden kann."

„Es handelt sich bei der Haltung des Erwachsenen dem Kind gegenüber um die Begrenzung des Einschreitens. Dem Kind muss geholfen werden, wo das Bedürfnis für Hilfe da ist. Doch schon ein Zuviel der Hilfe stört das Kind."

Die Erzieherin ist selbst Teil der vorbereiteten Umgebung. Sie hat die Aufgabe, diese Umgebung zu organisieren, zu ordnen und zu pflegen. Sie muss die Kinder freigeben zur Aktivität, sich selbst aber zurückhalten. Sie muss die Kinder mit der Umgebung und mit dem Material in Verbindung bringen.

Umgebung organisieren

Sie muss dem Kind mit Liebe und Respekt begegnen. Sie muss Geduld und Demut haben. Sie muss warten können und sich zurücknehmen, dabei aber wach und präsent sein. Sie muss selbst geordnet und strukturiert sein und voller Interesse am Kind, seiner Aktivität und an den Gegenständen des Lernens. Die Ordnung der vorbereiteten Umgebung, die Ordnung in den Materialien und die Geordnetheit der Erzieherin geben Struktur und Orientierung für das freie Arbeiten des Kindes und für seine Entwicklung und sind damit gewissermaßen das Rückgrat der Freiheit.

Liebe und Respekt

Der Erwachsene ist Diener der kindlichen Entwicklung, aber er bedient nicht das Kind. Er hilft den Kindern, selbständig zu werden und Unabhängigkeit zu erlangen. Er muss die Entwicklungsgesetze des Kindes studieren, die sensitiven Perioden erkennen, Kinder beobachten, ihre normale Entwicklung beschützen, ungeordnete Aktivitäten von geordneten unterscheiden, Aufmerksamkeit, Disziplin und Stille anbahnen, Störungen unterbinden, die Polarisation der Aufmerksamkeit erkennen und die Stadien unterscheiden, nicht eingreifen, wenn das Kind konzentriert arbeitet, minimale Hilfe zur

Selbsthilfe sicherstellen und dem Kind Bestätigung und Anerkennung geben. Er muss das Material perfekt beherrschen und exakt darbieten.

Teil II

Erziehung im Kinderhaus nach Maria Montessori

Kapitel 3

Früherziehung nach Montessori – ein Konzept für die Kinderkrippe[1]

3.1 Die Entwicklung des Kindes in den ersten drei Jahren – Erste Teilphase der ersten Entwicklungsstufe

Montessori hielt die ersten zwei Lebensjahre für die allerwichtigsten, denn während dieser Zeit *„vollzieht sich die fundamentale Entwicklung, welche die Personalität des Menschen kennzeichnet: Das Kind muss allein den Komplex herausbilden, der einmal unsere Intelligenz und der Grundriss unserer Gefühle sein wird."*

Die Grundlagen der kindlichen Personalität bestehen im Erwerb der spezifisch menschlichen Verhaltensweisen: aufrecht gehen, sprechen, an den Handlungen der umgebenden Menschen teilnehmen und vernünftig agieren können. Montessori bezeichnet dieses erste Kindheitsstadium als zweite embryonale Wachstumsphase, in der das Kind geistig und psychisch geboren wird. Sie sieht die Geburt als eine *„Befreiung aus dem Gefängnis des mütterlichen Leibes"*.

zweite embryonale Wachstumsphase

Das Kind macht sich sukzessive von den Funktionen der Mutter unabhängig. Seine Schritte zur Unabhängigkeit sind u. a. die Umstellung auf andere Nahrung als die Muttermilch und der Spracherwerb, mit dem das Kind seine Bedürfnisse äußern kann und nicht mehr auf die Interpretation durch den Erwachsenen angewiesen ist.

Den Beginn des Laufenlernens am Ende des ersten Lebensjahres nennt Montessori

---

[1] Für jede der beiden Teilphasen der ersten Entwicklungsstufe wird aus Gründen der Übersichtlichkeit ein eigenes Konzept vorgelegt. Es versteht sich von selbst, dass beide Konzepte unter dem einen Dach des Kinderhauses realisiert werden sollen.

die *„Befreiung aus einem zweiten Gefängnis"*. Nun kann das Kind auf eigenen Füßen stehen, fortlaufen und seinen Raum erobern. Die Tätigkeit des absorbierenden Geistes steht im Dienst der Erwerbung kindlicher Unabhängigkeit.

Neben dem Drang nach Unabhängigkeit steht das Bedürfnis nach Geborgenheit und Sicherheit, nach stabilen Gefühlsbeziehungen und Bindungen. Das Kind möchte sich angenommen fühlen. Es braucht Zuwendung und Anerkennung.

Der absorbierende Geist

Wenn das Kind auf die Welt kommt, ist alles neu. Es muss sich selbst Bilder von der gesamten Welt der Dinge erschaffen. Das Kind hat das Vermögen, sich selbst aufzubauen. Es hat einen Geist, der fähig ist, Wissen zu absorbieren. Dieser absorbierende Geist ist als besondere Geistesform des Kindes etwas völlig anderes als der rationale Verstand des Erwachsenen und dessen symbolisches Denken. Er ist unbewusst, nonverbal und präsymbolisch und dennoch insofern höchst effektiv, als das Kind quasi mühelos all das aufnehmen kann, was die Umgebung ausstrahlt.

unbewusst, nonverbal und präsymbolisch

Das frühkindliche Erleben ist einheitlich und global. Der absorbierende Geist arbeitet unter Führung innerer Sensibilitäten und mit Hilfe einer vitalen Form von Gedächtnis. Die Eindrücke dringen nicht nur in den Geist, sie formen ihn und „inkarnieren" sich in ihm. Auf diesem Wege passt sich das Kind an die Umgebung an und absorbiert Sprache und Sitten. Es assimiliert durch Erfahrungen in der Umgebung das für den Aufbau der kindlichen Psyche notwendige Material.

Sensorik und Motorik

Wesentliche Instrumente des absorbierenden Geistes sind Sensorik und Motorik. Frühkindliches Lernen ist stets ein kognitiver und affektiver Prozess. Das Lernen selbst ist motiviert und affektgeladen. Von Geburt an taucht das Kind in Empfindungen und Gefühle ein. Das Kind beobachtet mit Liebe seine Umgebung. Montessori spricht von der *„Schaukraft der Liebe"*.

Bereits beim Eintritt in die Kinderkrippe erfährt das Kind sich zum ersten Mal als Teil einer Gruppe, losgelöst von seiner bisherigen Umgebung. Es braucht Schutz und Sicherheit.

Säuglinge nehmen von Geburt an die Interaktion auf. Sie imitieren und entwickeln um den neunten Lebensmonat herum Einfühlungsvermögen. Kinder reagieren auf die Aufregungen anderer, als wären sie selbst betroffen. Erst mit zweieinhalb Jahren erkennen sie, dass das Leid anderer etwas anderes ist als das eigene Leid.

3.2   Sensibilitäten dieser Phase

„Die Bedürfnisse des Kindes zu beachten und ihnen zu entsprechen, damit sein Leben sich möglichst voll entfalten kann", darin sieht Montessori das Fundament der neuen Erziehung.

So wie der Körper in Intervallen wächst, so wächst auch die Persönlichkeit des Kindes in Perioden bestimmter Sensibilität. Diese sensitiven Perioden zu erkennen und ihnen in allem gerecht zu werden, ist Aufgabe einer Erziehung als Hilfe zum Leben.

Die Phase des absorbierenden Geistes ist geprägt von drei Sensibilitäten:

Sensibilität für Ordnung

„Für das Kind ist Ordnung das, was für uns der Boden ist, auf dem wir stehen, was für den Fisch das Wasser ist, in dem er schwimmt. Im frühen Kindesalter entnimmt der Menschengeist seiner Umwelt die Orientierungselemente, deren er für seine späteren Eroberungen bedürfen wird.“

Von Geburt an suchen Säuglinge nach Reizen zur Stimulierung ihrer Sinne. Einen großen Teil ihrer Wachzeit verbringen sie mit der Beobachtung visueller Objekte und dem Achten auf Geräusche. Dabei hat jedes Kind besondere Vorlieben für bestimmte Sinneseindrücke und Merkmale. Schon Säuglinge haben das Bestreben, die Welt durch Suche nach Zusammenhängen, Mustern, Regelmäßigkeiten und invarianten Konstellationen zu ordnen.

Säuglinge nehmen fortwährend Einschätzungen vor, indem sie neue Eindrücke mit bereits aufgenommenen und abgespeicherten vergleichen. Durch das Beobachten und Sammeln von Eindrücken, das Untersuchen, Vergleichen, Prüfen und Ordnen der inneren geistigen Bilder, durch deren Speicherung im vitalen Gedächtnis und durch das Wiederhervorholen der inneren Bilder schafft das Kind die Grundlage für die Konstruktion der Vorstellungskraft.

Alles Interesse gilt der Beziehung zwischen den Dingen, Personen und Ereignissen. Das Kind ordnet seine Sinneseindrücke nach grundlegenden Schemata wie Übereinstimmung und Verschiedenheit, Raum, Zeit und Kausalität. Es erlebt ein frühes Organisiertheitsgefühl und eine Einheitlichkeit des Welt- und Selbsterlebens. Es gewinnt Orientierung.

Die Sensibilität für Ordnung tritt unter zwei Gesichtspunkten in Erscheinung:

- als Sinn für äußere Ordnung, die dem Kind Sicherheit und Entlastung gibt und   äußere Ordnung

- als innerer Orientierungssinn, von Montessori zunächst physiologisch als Muskelsinn und darüber hinaus als Sinn für Beziehungen und Zusammenhänge verstanden.   innere Orientierung

Das Kind ordnet sich auch durch die Kontrolle der willkürlichen Bewegungen, wodurch nicht nur Muskeln gezielt bewegt werden, sondern wodurch es auch Ordnung in seinen Geist bringt. Hierin liegt die Basis für den Aufbau innerer Disziplin. Kleine Kinder zeigen eine charakteristische Liebe für Ordnung.

Sensibilität für Bewegung

„Von großer Bedeutung für die Entwicklung des Kindes ist seine eigene spontane Bewegung. Das Kind kann nur aufpassen oder denken, wenn es sich bewegt."

Bewegungsmuster Das Kind baut Bewegungsmuster auf – Bewegungen von Kopf und Gliedmaßen, Sitzen, Kriechen, Krabbeln, Stehen, Gehen, Laufen, Hüpfen – und verfeinert und vervollkommnet sie durch ständige Übung. Bewegung führt zu sensorischen Eindrücken, die wiederum neue Bewegungen auslösen. Gleichzeitig nimmt die willkürliche Steuerung der Motorik zu.

Sobald das Kind sicher auf beiden Beinen gehen kann, ist die physiologische Entwicklung der Schließmuskulatur abgeschlossen und das Kind beginnt die Kontrolle darüber zu trainieren.

räumliche Vorstellung Je mehr das Kind Herr über seinen Körper wird, desto mehr erweitert sich sein Aktionsradius. Es erweitert sein Gesichtsfeld. Es gewinnt räumliche Vorstellungen. Es erobert sich ein großes Stück Unabhängigkeit.

Sensibilität für Sprache

„Die Sprache verursacht jene Veränderung der Welt, die wir Zivilisation bezeichnen. Das Instrument, das ein gegenseitiges Verstehen ermöglicht, ist die Sprache – Mittel gemeinsamen Denkens."

Mit der taktil-motorischen Entwicklung geht die komplexe Sensibilität für den Spracherwerb einher. Diese steht ebenso in einem engen Zusammenhang mit dem Gehörsinn. Das Kind absorbiert die gesprochene Sprache. Das neugeborene Kind ist gehörsensibel gegenüber dem gesprochenen Wort. Schritt für Schritt nimmt es die menschlichen Laute seiner Umgebung auf, entdeckt die Quelle der Laute, macht erste Nachahmbewegungen, bildet sodann Silben, entdeckt danach, dass Worte einen Bezug zur Welt haben und erkennt, dass jedes Ding seinen Namen hat. Im zweiten Lebensjahr **Explosion der Worte und Sätze** festigt sich der Wortschatz, die Syntax gewinnt an Sicherheit. Es kommt zur Explosion der Worte und danach der Sätze.

Weitere frühkindliche Sensibilitäten

- Sensibilität für Tasten und Berühren

  Hand als Werkzeug geistigen Begreifens Die Entwicklung des Tastsinns ist eine der wichtigsten Errungenschaften der ersten Jahre, von der alle weiteren abhängen. Durch das fühlende Tasten in der Berührung wird die Beziehung zur Außenwelt aufgebaut. Im Berühren und Anfassen wird die Hand zu einem Werkzeug geistigen Begreifens.

- Sensibilität für die Funktion von Hand und Finger

Neugeborene bringen einen Greifreflex mit. Um den dritten Lebensmonat herum entdeckt das Kind seine Hände und entwickelt eine wahre Tastleidenschaft. Von vier Monaten an werden die Greifbewegungen präziser. Ab dem sechsten Monat kann ein Kind sehr zielgenau greifen. Um den neunten Monat herum kann es auf Dinge und Personen zeigen. Das kann als eine der ersten Äußerungen der Sprachfunktion gelten. Mit zehn Monaten beginnt das Kind absichtsvoll mit Gegenständen zu hantieren, indem es sie versetzt und bewegt, Türen und Kästen öffnet und schließt, Gegenstände aus einem Behälter herausnimmt und wieder hineinlegt. Ende des ersten Lebensjahres verfügt es über den Pinzettgriff. Im Alter von zwei Jahren kann es mit einem Löffel hantieren und es kann kritzeln.

Tastleidenschaft

absichtsvolles Hantieren

- Bedürfnis nach anregenden Gegenständen

  Etwa ab dem dritten Lebensmonat ist das Kind unermüdlich auf der Suche nach Möglichkeiten des Tasten- und Berührenkönnens. Es möchte alles anfassen und mit den Dingen hantieren.

- Bedürfnis, sich selbst zu bedienen und allein zu essen

  Gegen Ende des ersten Lebensjahres entsteht im Kind die Neigung, allein zu essen. Auch dieses Bedürfnis ist Teil des unbewussten Strebens, sich aus Abhängigkeit von anderen zu lösen und sich durch Selbständigkeit zur freien Persönlichkeit zu entwickeln.

- Bedürfnis nach Kraftanwendung

  Im Alter von eineinhalb Jahren taucht ein Bedürfnis nach Kraftanwendung auf. Die Hand will jetzt auch Lasten tragen und die Beine wollen steigen und weit gehen. Das Kind will klettern und sich anstrengen.

sich anstrengen

3.3   Pädagogische Aufgaben und Grundsätze

Aufgabe und Pflicht des Erziehers ist es, dass der Erwachsene in Achtung vor der kindlichen Freiheit dessen Bemühungen zu wachsen unterstützt. Eine grundsätzliche Vorbedingung für die Erziehung des Kleinkindes ist die *„Kenntnis der psychischen Bedürfnisse des Kindes und die Fähigkeit, seine Äußerungen zu beobachten und richtig zu deuten."*

Montessori nennt drei Grundsätze:

- *„Die Hauptsache ist: alle Formen der vernünftigen Betätigung des Kindes zu achten und sie zu verstehen suchen."*

- *„Der zweite Grundsatz lautet: Den Tätigkeitsdrang des Kindes so weit nur irgend möglich unterstützen, es nicht bedienen, sondern es zur Selbständigkeit erziehen."*

- *„Der dritte Grundsatz ist: Das Kind ist äußeren Einwirkungen gegenüber viel empfänglicher, als wir glauben; danach müssen wir unser ganzes Verhalten einrichten."*

zu viel Hilfe stört
das Kind

Erfahrungen
sammeln

Dem Kind muss da geholfen werden, wo es das Bedürfnis nach Hilfe hat. Doch schon ein Zuviel der Hilfe stört das Kind, denn sobald das Kind die Unabhängigkeit der Funktionen erreicht hat, wird der Erwachsene, der ihm weiterhin helfen möchte, ein Hindernis. Um die Unabhängigkeit seiner Funktionen zu erwerben, muss das Kind selbst gehen, selbst seine Kraft einsetzen und selbst seine Intelligenz entwickeln, indem es selbst Erfahrungen sammelt. Alle erzieherische Hilfe kann deshalb nur Hilfe zur Selbsthilfe sein. Dem Kind aber muss die Freiheit zum Handeln und Selbsttun gewährt werden.

„Das Kind hat absolut kein Bedürfnis danach, nur bedient zu werden und Dinge um sich her zu sehen, die es scheinbar befriedigen. Ein einfaches Leben reicht nicht aus. Es hat viel Wichtigeres nötig. Es muss alle Dinge selbst tun können. Das ist die Wirklichkeit!"

„Man bedenke, dass das Kind, das selbst nicht handeln darf, nicht wirklich lebt; um zu leben, muss es sich üben können."

„Während man der Meinung ist, dass Kinder ihr größtes Glück im Spielen fänden, hat uns die Erfahrung gelehrt, dass sie erst in der Arbeit vollkommen glücklich werden."

„Die Freiheit des Kindes kann nicht darin bestehen, dass wir es sich selbst überlassen, es vernachlässigen. Nicht durch gleichgültige Untätigkeit helfen wir der kindlichen Seele bei allen Schwierigkeiten ihrer Entwicklung, sondern durch die bedachte Anteilnahme einer liebevollen Fürsorge."

Der Erwachsene muss die Grenzen begreifen, innerhalb derer er handeln darf. Persönlichkeitsentwicklung kann man nicht lehren. Sie entsteht durch Erfahrung, nicht durch Erklärung.

Die Freiheit des Kindes beginnt mit der spontanen Tätigkeit des Kindes. Sie entfaltet sich da, wo das Kind sich zwischen alternativen Möglichkeiten entscheidet. Entscheidungen zu treffen, stärkt das Kind und vermittelt ihm Vertrauen in seine Kompetenz. Allerdings zieht jede Entscheidung Konsequenzen nach sich und verlangt vom Kind, diese auszuhalten.

3.4   Didaktische Konsequenzen

Vorbereitete Umgebung

Es ist für das Kind eine Umgebung zu schaffen, die ihm angepasst ist und seinen Bedürfnissen gerecht wird. Sie muss wie ein Schutzraum gesehen werden, in dem Kinder ihr Leben leben können, begleitet von Erwachsenen, deren einzige Aufgabe darin besteht, die kleinen Kinder in ihrer individuellen Entwicklung zu unterstützen. Feste Rituale und ein rhythmisierter Tagesablauf schaffen Struktur. Eine solche Einrichtung ist dann das Zentrum des Lebens einer Gemeinschaft von kleinen Kindern.

feste Rituale, rhythmisierter Tagesablauf

Jedes Kind findet Gelegenheit, seine eigene Tätigkeit zu entfalten und sich aus eigener Initiative spontan zu beschäftigen. Das Kind braucht keine Scheinwelt, sondern eine Wirklichkeit, in der es nach eigenen Bedürfnissen selbst tätig sein kann, sei es für sich oder mit anderen. Gerade die Kinder unter drei Jahren müssen in ihrer sich entwickelnden Autonomie unterstützt werden. Jede Erfahrung ist für das kleine Kind neu. Diese Kinder sind gerade dabei zu verstehen, wie alles um sie herum funktioniert.

Eine vorbereitete Umgebung muss begrenzt sein in Hinblick auf Größe der Räume und Anzahl der Gegenstände. Mitunter muss sie ein Kind vor einem Zuviel an neuen bzw. heftigen Eindrücken abschirmen.

Für Kinder unter drei Jahren wurde in der Montessori-Pädagogik das Konzept des „nido dei bambini" („Kindernest") entwickelt. Dieses „Nest" ist weltweit fast immer in ein Kinderhaus integriert. Es stellt besondere Anforderungen an die Ausgestaltung des Raumes, da ganz kleine Kinder oft gerade dabei sind zu krabbeln und sich aufzurichten. Sie brauchen einen ruhigen Ort zum Schlafen. Sie erfordern mehr und andere Pflegemaßnahmen als größere Kinder und damit auch mehr Betreuungspersonal.

Kindernest

Räume

Die Kinder brauchen ausreichend große Räume, damit sie sich frei bewegen können und Bewegungsentwicklung stattfinden kann. Das Kind soll lernen können, sich sicher in einem Raum zu bewegen. Dazu braucht es einen gewissen, durchaus begrenzten Platz. Es sollten Außenbereiche vorhanden sein, damit ausreichend Möglichkeit für einen Kontakt mit der Natur besteht. Das kleine Kind braucht einen Ruhebereich, in dem es sich sammeln und Ruhe oder Schlaf finden kann. Es braucht einen Bereich, wo es krabbeln kann, wo es sich hochziehen und aufrichten kann, wo es sein Gleichgewicht üben und später klettern kann.

Bewegungsentwicklung

Außenbereiche
Ruhebereich

Damit das Kind selbständig seine Bedürfnisse erfüllen kann, muss es freien Zugang zu allen notwendigen Bereichen haben. Es muss zur Toilette gehen, essen, sich kleiden und schlafen können. Die Schlafplätze sollten ebenerdig sein und ohne Gitter. Die Kleidung sollte so sein, dass sie dem Kind eine aktive Beteiligung beim Umkleiden erlaubt. Die Mahlzeiten finden an einem festen Essplatz statt. Alle Materialien sollten übersichtlich und in einer logischen Ordnung auf niedrigen Regalen angeboten werden. Klare Tätigkeitsbereiche. Alle Möbel und Gegenstände sind der Körpergröße der Kinder angepasst. Das sollte auch für den Küchenbereich gelten.

ebenerdiger Schlafplatz

fester Essplatz

Material

konstruktive
Tätigkeit

Das Kind muss Gegenstände finden, die es zu einer konstruktiven Tätigkeit anregen. Es benötigt einfache praktische Gegenstände des täglichen Gebrauchs. Alle Gegenstände müssen den Maßen und körperlichen Kräften des Kindes angepasst sein. Vom neunten/zehnten Lebensmonat an will es Türen oder Kästen öffnen und schließen, Gegenstände aus einem Behältnis nehmen und wieder hinein legen, es will Gefäße mit Deckeln versehen und sie wieder öffnen. Es will Gegenstände in Bewegung versetzen, es will sie fassen und loslassen, sie befühlen mit Händen und Mund. Daher sollten Gegenstände aus verschiedenen Materialien vorhanden sein, um haptische Reize auszulösen und reiche taktile Erfahrungen zu ermöglichen.

verschiedene
Materialien

Das Kind will Wasser ausgießen oder umschütten, will Inhaltsstoffe von Gefäßen umfüllen durch schütten oder löffeln. Es soll alles gebrauchen können, was zur Hauswirtschaft gehört, damit es sich selbst waschen und anziehen, selbst wischen und kehren, Tisch decken, bedienen, essen und trinken kann.

Infant Toddlers

Anfänglich geht es vor allem um elementare Handlungen, die noch nicht logisch motiviert sind. Für dieses Alter gibt es inzwischen ein spezielles Montessori-Material, „Infant Toddlers". Zudem wurden einige Sinnesmaterialien vereinfacht und elementarisiert. Sie dienen der Geschicklichkeitsförderung und der Augen-Hand-Koordination. Es gibt:

- vereinfachte Einsatzzylinder und Einsatzkästen,

- einfache Schließrahmen,

- Leisten mit Knöpfen sowie

- Schubladen mit unterschiedlichen Stoffen, Oberflächen und Texturen.

Alle Materialien sind nur einmal vorhanden. Sie sollten komplett, sauber und frei zugänglich präsentiert werden.

Lern- und Erfahrungsbereiche

Die wichtigsten Materialien in der Arbeit mit Kleinstkindern sind solche aus den Bereichen der Übungen des täglichen Lebens, der Sprache und der Kreativität.

- Übungen des täglichen Lebens
  Zu den vereinfachten Übungen des täglichen Lebens gehören

Körperpflege

  - die Übungen zur Körperpflege (Kämmen, Zähne putzen, Hände waschen, Anziehrahmen, Schuhe putzen, Nase putzen, Kleidung wechseln, Toilette benutzen etc.)

- – Übungen zur Raumpflege (Tisch wischen und waschen, Fenster putzen, **Raumpflege**
  fegen, Blumen versorgen, Wäsche waschen, Staub wischen, Stuhl tragen
  etc.)
- – Übungen zur Nahrungszubereitung (Obst waschen, schneiden, Brot schmie- **Nahrungszubereitung**
  ren, Eier pellen, Bananen schneiden, Tisch decken, Geschirr waschen etc.)
- – Übungen draußen (Tiere beobachten, füttern, Wege fegen, Blumen pfle- **draußen**
  gen, Laub harken, Schnee schippen, Früchte sammeln etc.)

Das Kind soll zunächst die Notwendigkeit einer Tätigkeit erkennen und sodann
das notwendige Material für die Übung organisieren. Die Erzieherin demons-
triert dem Kind die Übung in ruhigen, klaren Bewegungen und mit sparsamen
Worten. Im Anschluss daran übt das Kind die Tätigkeit und räumt schließlich das
Material zurück.

Fehler sind erlaubt und notwendig, denn dadurch erfährt das Kind die Konse-
quenzen seines eigenen Handelns. Lob, Tadel und Ermahnung sind überflüssig.
Das Kind erhält bei der Beseitigung eines Schadens, wenn nötig, entsprechende
Hilfe.

- Spracherziehung

Auch das Kind, das noch nicht spricht, hat die Fähigkeit zu erkennen, dass jedes
Ding einen Namen hat und speichert diesen in seinem akustischen Gedächtnis
ab. Sprachmaterial in diesem Stadium sind reale Objekte, die mit ihren Namen **reale Objekte**
assoziiert werden. Während der Begriff vom Erwachsenen mehrfach wiederholt
wird, kann das Kind das Wort „anfassen" und im Gedächtnis verankern.

In gleicher Weise werden Sinneswahrnehmungen (Farben, Eigenschaften etc.)
mit Begriffen verbunden. In einer späteren Phase werden reale Objekte gemeinsam mit ihren Abbildungen angeboten. Das Kind lernt, dass Objekt und Abbil-
dung einen gemeinsamen Begriff haben. Damit wird der Schritt zu Symbolen
und Abstraktion gefördert. Am Ende versteht das Kind dann auch Bilderbücher.

Bei der Auswahl der Bilder ist darauf zu achten, dass die Dinge klar, konzentriert,
korrekt und realistisch dargestellt sind, dass sich das Objekt des Begriffes deutlich hervorhebt und ablenkende Assoziationen vermieden werden, dass die Ob- **ablenkende**
jekte vollständig, d. h. ohne Verdeckungen und Überschneidungen dargestellt **Assoziationen**
sind und dass die Größenverhältnisse so weit wie möglich in einer realistischen **vermeiden**
Relation dargestellt sind.

Buchstaben und Ziffern sind in dieser Altersstufe fehl am Platz.

Wichtig ist das korrekte Sprachvorbild des Erwachsenen. Das Erzählen und Vor- **korrektes**
lesen, das Betrachten von Bilderbüchern und Singen von Liedern unterstützen **Sprachvorbild**
den Prozess des Spracherwerbs.

• Fremdsprache lernen

Im frühen Kindesalter absorbieren Kinder nicht nur ihre Muttersprache, sondern auch fremde Sprachen. Voraussetzung hierfür ist, dass eine Person die zu erwerbende Fremdsprache als Muttersprache im Kontakt mit den Kindern konsequent spricht. Am besten gelingt das in alltäglichen Situationen.

Englisch erste
Fremdsprache

Da in der internationalen Kommunikation Englisch faktisch Weltsprache wurde, sollte Englisch die erste zu erwerbende Fremdsprache sein. Nicht zuletzt, da sich die Montessori-Pädagogik schon immer als eine internationale Pädagogik verstanden hat.

• Bewegungserziehung

Lernen ohne
Bewegung
undenkbar

Für kleine Kinder ist Lernen ohne Bewegung undenkbar. Allerdings muss das Kind lernen, seine Bewegungen zu koordinieren, zu beherrschen und dem Willen zu unterstellen. Über diese ständigen natürlichen Bewegungen hinaus sollen Kinder ihre Muskulatur ertüchtigen, Geschicklichkeit und Harmonie der Bewegungen aufbauen und Bewegung mit Musik verbinden, sei es als Rhythmik oder als Tanz. Dadurch wird auch der Spracherwerb und die Entwicklung anderer kognitiver Funktionen bis hin zur Mathematik unterstützt.

• Musisch-ästhetische Erziehung

freier kreativer
Ausdruck

ästhetische
Umgebung

Ein wesentliches Element der Persönlichkeitsbildung ist der freie kreative Ausdruck des Individuums. Das Kind soll künstlerisch, musisch und handwerklich tätig werden können. Dazu braucht es Anregungen und Anleitung. Ebenso wichtig ist, dass die Umgebung ästhetisch gestaltet ist. Das trifft auf das Material zu und sollte ebenso für die gesamte Einrichtung und alle Übungen gelten.

• Sozialerziehung

soziales Lernen
durch Interaktion

Nur im freien und durch Regeln geordneten Gemeinschaftsleben einer altersgemischten Gruppe entwickelt sich Sozialität als Teil der individuellen Persönlichkeit. Soziales Lernen entsteht nur durch Interaktion und soziale Erfahrungen. Aufgabe der Erwachsenen ist es, für die Einhaltung der Regeln und den Schutz des einzelnen Kindes zu sorgen.

• Naturerziehung

Teil der Kosmischen
Erziehung

Das Kind, insbesondere jenes im städtischen Milieu, braucht Zugang zu Naturerfahrungen: Gerüche, Raumerfahrungen, Geräusche, Erfahrungen mit der Beschaffenheit von Naturmaterialien, das Gehen auf verschiedenen Untergründen, Beobachtung und Pflege von Pflanzen und Tieren. All dies ist Teil der Kosmischen Erziehung in der Montessori-Pädagogik.

Aufgabe der Erzieherin / des Erziehers

Die Anforderungen an Montessori-Erzieherinnen und -Erzieher sind hoch. Von klein auf sind Kinder fähig, Beziehungen zu anderen aufzunehmen und füllen sie unvoreingenommen mit ihrer Liebe. Das Kind braucht Erwachsene, die es unterstützen, die da sind, wenn es Hilfe braucht, die für sein Wohlbefinden und seinen Schutz sorgen. Es bringt ihnen ein nahezu grenzenloses Vertrauen entgegen. Es lernt, sich in ihrem Spiegel zu sehen. Solche Personen müssen vertrauenswürdig sein und verlässlich in ihren Reaktionen.

vertrauenswürdig und verlässlich

„In allererster Linie ist eine klare innere Haltung erforderlich."

Der Erwachsene muss die Perspektive wechseln können im Blick auf das Kind. Er muss seine Aktivität zurücknehmen können zugunsten der Selbsttätigkeit des Kindes. Er muss Achtung und Respekt vor der kindlichen Tätigkeit und Freiheit haben und sich als Diener des Kindes und seiner Entwicklung verstehen. Damit fällt ihm als wichtige Aufgabe die Vorbereitung der Umgebung zu. Ausgehend von den Entwicklungsbedürfnissen und Sensibilitäten des Kindes muss er Mittel und Wege für die Selbsterziehung des Kindes suchen.

Achtung und Respekt vor der kindlichen Tätigkeit und Freiheit

Er braucht wissenschaftliche Kenntnisse und gleichzeitig eine hervorragende Beobachtungsgabe. Er ist Begleiter des Entwicklungsprozesses eines Kindes und nicht Anleiter. Andererseits ist er Vorbild für das Kind, das alles, was er tut, imitiert. Er muss um Geduld und Selbstkontrolle ringen und sich in Demut und Selbstkritik üben. Er sollte sich und die Kinder begeistern können. Er sollte eine selbstbewusste und authentische Persönlichkeit sein.

„Die Erzieherin und die Kinder sind keineswegs Gleichgestellte. Es sind genug Kinder in der Klasse, als dass die Erzieherin ein Kind unter den Kindern werden müsste. Sie brauchen kein weiteres Kind, sie brauchen einen würdigen, reifen Menschen. [...] Wenn keine Autorität für sie da ist, so haben die Kinder keine Orientierung."

Das kleine Kind braucht vor allem Erwachsene, die sein Streben nach Unabhängigkeit sensibel unterstützen und dem Kind da geduldig Freiheit geben, wo es sie benötigt, um Fähigkeiten zu erwerben. Dort aber, wo es die Hilfe und den Schutz dringend braucht, müssen sie zur Stelle sein und selbst dann noch überlegen, wie viel Hilfe zur Selbsthilfe sie dem Kind angedeihen lassen.

Kapitel 4

Erziehung von Kindern im Alter von drei bis sechs Jahren nach Montessori – ein Konzept für das Kinderhaus

4.1 Die Entwicklung des Kindes im Alter von drei bis sechs Jahren
Zweite Teilphase der ersten Entwicklungsstufe

Die Periode zwischen drei und sechs Jahren ist nach Montessori eine Periode der *„aufbauenden Vervollkommnung"*. Mit dem Erlernen des Gehens und mit dem Spracherwerb hat das kleine Kind wichtige Schritte zur Unabhängigkeit gemacht. Ein weiterer Schritt ist die Kontrolle über die Ausscheidungen. Etwa ab vier Jahren kann es selbst auf die Toilette gehen und sich selbst waschen.

Ende des dritten Lebensjahres drängt das Kind nach Erweiterung seines Erfahrungsraumes, der bis dahin hauptsächlich von der Familie begrenzt war. Es kann sich jetzt allein in fremder Umgebung aufhalten und mit unbekannten Personen in Kontakt treten, ein weiterer Schritt der Verselbständigung. Es muss sich allerdings geborgen und angenommen fühlen, Zuwendung und Anerkennung erfahren und positive Gefühlsbeziehungen zu anderen Kindern und stabile Bindungen an erwachsene Bezugspersonen haben.

aufbauende Vervollkommnung

allein in fremder Umgebung

Seine Gefühlswelt weitet sich aus und differenziert sich. Das Kind beginnt, sich als Person bewusst wahrzunehmen. Im Laufe der folgenden Jahre geht es von einer ich-bezogenen zu einer nach und nach realistischen Grundeinstellung über. Ab vier Jahren nimmt seine soziale Kompetenz zu. Es kann sich besser einschätzen, Kontakt aufnehmen, sich behaupten und abgrenzen, Kritik hinnehmen und mit Konflikten umgehen. Es kann anderen besser zuhören und sie wahrnehmen, sich selbst verständlich machen und eigene Wünsche vorbringen. Etwa ab vier Jahren ist sein moralisches Wissen vollständig. Es unterscheidet gut und böse sowie falsch und richtig. Das Kind kann zwischen moralischem und unmoralischem Handeln unterscheiden.

Zunahme der sozialen Kompetenz

4.2   Sensibilitäten dieser Phase

„Mit drei Jahren ist es, als ob das Leben von neuem beginne, denn zu diesem Zeitpunkt offenbart sich voll und klar das Bewusstsein. [...] Vor dem dritten Lebensjahr werden die Funktionen geschaffen. Nach dem dritten Lebensjahr werden die geschaffenen Funktionen entwickelt. [...] Was es vor dem dritten Lebensjahr geschaffen hat, kommt dank der bewussten Erfahrungen in seiner Umgebung an die Oberfläche."

Sensibilität für Entwicklung des Bewusstseins

In den ersten drei Lebensjahren hat das Kind in der Phase des absorbierenden Geistes zahllose Sinneseindrücke unbewusst aufgenommen und sein Bewegungssystem und seinen Willen aufgebaut. Es hat Beziehungen zwischen Dingen, Personen und Ereignissen hergestellt und begonnen, eine innere Ordnung durch Absuchen und Aufnehmen der äußeren Ordnung aufzubauen. Es hat Sprache erworben und sich damit eine neue Qualität des Denkens, das symbolische, eröffnet.

Nun beginnt das Kind, seinen zwar konfusen, doch außerordentlich großen Reichtum an wesentlichen und zufälligen Eindrücken, den es in seinem Unterbewusstsein aufgehäuft hat, neu zu bearbeiten. Mit dem sich allmählich äußernden Bewusstsein und Willen ergibt sich ein zwingendes Bedürfnis, Ordnung und Klarheit zu schaffen und zwischen Wesentlichem und Zufälligem zu unterscheiden. Das Kind ist reif, seine eigene Umgebung und den inneren Reichtum an Eindrücken, den sie ihm gegeben hat, neu zu entdecken.

Wesentliches und Zufälliges unterscheiden

Das Kind wandelt sich vom unbewussten Schöpfer der ersten drei Lebensjahre zu einem bewussten Arbeiter. Durch Aktivität in der Umgebung baut sich der Verstand auf und beginnt, die Hand zu leiten.

Verstand beginnt, die Hand zu leiten

Das Kind untersucht und vergleicht Sinneseindrücke. Es erkennt Gleichheiten von Objekten und bildet Paare gleicher Objekte. Es erkennt Gegensätze und kann Extreme aus einer Reihe identifizieren. Es erkennt Ähnlichkeiten und kann Objekte stufenweise zu Serien anordnen. Das Kind lernt, Objekte nach Klassen, Gruppen und Mengen

Gleichheiten, Gegensätze und Extreme

zusammenzufassen, die gemeinsame Merkmale haben und mit Begriffen zu belegen. Dieses Klassifizieren auf Grund des Gedächtnisses vereinfacht die Wahrnehmung und führt zur Möglichkeit der Interpretation des Wahrgenommenen. Grundlage der Denkentwicklung des Kindes ist weiterhin das konkrete Handeln.

Klassifizieren

Sensibilität für Vervollkommnung und Anreicherung gemachter Errungenschaften

Ab Mitte des dritten Lebensjahres fragt das Kind verstärkt nach Beziehungen und Zusammenhängen, Gründen und Ursachen. Geht es im ersten Fragealter gegen Ende des zweiten Lebensjahres vor allem um die Namen der Dinge, so geht es im zweiten Fragealter mehr um das Warum der Dinge, um Begriffsbildung und Problemlösung. Gleichzeitig wächst der Wortschatz in dieser Phase mächtig. Die Sprache ermöglicht die Bildung von Kategorien, genaues Beschreiben und die Qualifizierung von Eindrücken. Sie ermöglicht den Gedankenaustausch. Kausale, räumliche und zeitliche Beziehungen können differenziert ausgedrückt werden. Das Kind lernt, in vollständigen und grammatisch richtigen Sätzen zu sprechen. Es tauchen die ersten Nebensätze auf.

Warum?

Gedankenaustausch

Das Kind beobachtet und sortiert Gegenstände nach Eigenschaften, nach Farbe, Größe, Kategorien, anderen Merkmalen. Es legt Muster. Im Zuge seiner Aktivitäten verfeinert und erweitert es seine Sinneswahrnehmungen. Waren für das kleine Kind hauptsächlich die taktil-motorischen Erfahrungen wichtig, so gewinnen für das größere Kind zunehmend die Wahrnehmungen durch die Fernsinne des Hörens und Sehens an Bedeutung. Das Kind verfeinert die Auge-Hand-Koordination und erwirbt Größen- und Formkonstanz von Objekten. Durch Bewegung hat es Raumvorstellung und eine Raum-Lage-Wahrnehmung aufgebaut.

Fernsinne Hören und Sehen

Das Kind trainiert seine Bewegungsprogramme und vervollkommnet die Koordination. Es kräftigt seine Muskeln und sucht ihre Anspannung und Belastung. Es will schnell rennen, Schweres tragen, seine Belastbarkeit und Ausdauer erproben. Es will seine - Körperbeherrschung steigern und in seinen Bewegungen geschickter werden. Dazu gehört das Training des Gleichgewichts, wenn es auf einem Bein steht oder hüpft, wenn es balanciert oder klettert. Dazu gehört das Üben des Wechselspiels von Impuls und Hemmung, festhalten und loslassen, eine Bewegung anhalten, die Richtung wechseln, werfen, zielen und fangen.

Körperbeherrschung

In dieser Phase lernen Kinder Roller fahren, Fahrrad fahren, schwimmen. Noch immer sind es vornehmlich grobmotorische Leistungen. Auch das einsetzende Malen erfolgt aus der Schulter und dem ganzen Arm. Bewegungen können rhythmisch geführt werden. Das Kind tanzt und bewegt sich zu Rhythmus und Musik. Bewegungen können nach Regeln und Anweisungen ausgeführt werden wie Hüpf- und Fangspiele oder Gymnastik. Das Streben nach Vervollkommnung von Bewegungen ist eine Grundlage für die Bildung von Leistungsbewusstsein. Kinder sind stolz auf das, was sie körperlich können.

vornehmlich grobmotorisch

Sensibilität für soziale Integration durch Kohäsion

soziale
Embryonalphase

Das Kind befindet sich in einer sozialen Embryonalphase. Kinder dieses Alters neigen dazu, eine Gemeinschaft durch soziale Integration zu bilden, die durch ein unbewusstes Zusammengehörigkeitsgefühl zusammengehalten wird. Die Kinder fühlen sich als Gruppe und handeln als solche, obwohl es sich um unabhängige Individuen handelt.

Weitere Sensibilitäten

- Sensibilität für Naturerfahrungen, insbesondere für Tiere und Pflanzen

  Kinder in diesem Alter sind fasziniert von einheimischen und exotischen Tieren. Oft sind es die ganz großen Tiere oder die sehr kleinen Tiere wie Insekten, Käfer, Ameisen, Spinnen, Würmer. Sie beobachten gern Tiere in der Natur. Sie sammeln Tiere, berühren sie mit Gegenständen, stellen kleinere Versuche mit ihnen an, füttern sie.

  Sie besuchen gern einen Bauernhof, gehen gern in den Zoo, ins Vivarium oder Aquarium. Sie eignen sich zahllose Tiernamen an und viele Merkmale dieser Tiere. Sie betrachten gern Tierbücher und sammeln Nachbildungen von Tieren, seien sie aus Plastik oder aus Stoff.

  Kinder interessieren sich für Pflanzen. Sie pflücken Blumen oder Blätter, untersuchen sie und gießen gern Pflanzen. Besonders gern ernten sie.

- Sensibilität fürs Bauen und Konstruieren

  Kinder sammeln gern Stöcke und bauen gern Unterschlupfe und Höhlen, draußen aus Naturmaterialien, drinnen aus Möbeln und Decken. Sie bauen Tunnel im Sandkasten, errichten gern Hügel und Türme, stapeln Dinge aufeinander, bauen mit Bauklötzen oder mit Duplo-Steinen, später mit Lego.

- Sensibilität für Musik, Rhythmus und Singen

  Kinder hören gern Kinderlieder und singen sie mit. Sie interessieren sich für Instrumente. Sie erzeugen gern Geräusche und Töne. Sie sind offen für ein großes Spektrum an Musik. Sie zeigen eine Vorliebe für einfache und klare Rhythmen, klatschen dazu, bewegen sich dabei und tanzen.

- Sensibilität für Zeichnen und Formen

  Kopffüßler

  Kinder beginnen, mit dicken Stiften zu zeichnen, zunächst Linien durch Hin- und Herbewegungen und dann spiralförmige Linien durch kreisende Bewegungen. Die ersten Darstellungen von Menschen entstehen, die Kopffüßler. Oft folgen Darstellungen von Bäumen, der Sonne, von Blumen und von Häusern und Fahrzeugen.

  Das Kind experimentiert mit Farben und entwickeln eigene Farbvorlieben. Das Kind formt Gegenstände aus Knete oder anderen Materialien. Später schneidet es Formen aus und klebt sie auf.

- Sensibilität für Symbole und Zeichen

  Mit dem Erwerb der Symbolfunktion sind Kinder in der Lage, innere Bilder losgelöst von unmittelbaren Erfahrungen zu erzeugen, im Gedächtnis zu speichern
  oder aus ihm abzurufen. Das Kind entdeckt, dass Zeichen eine Bedeutung haben, seien es Verkehrszeichen, Hinweiszeichen in Gebäuden oder an Geräten
  oder die Buchstabenzeichen in Büchern und die Ziffern und Zahlen. Es ahmt
  diese Zeichen nach. Manche Kinder „schreiben" Kritzelbriefe. *Zeichen haben eine Bedeutung*

- Sensibilität für geschriebene Sprache

  Etwa mit viereinhalb Jahren zeigen Kinder ein Interesse an Buchstaben und am *Buchstaben*
  Schreiben. Sie möchten schreiben und könnten es in dieser sensiblen Phase auch
  besonders gut und leicht lernen.

- Sensibilität für Geschichten und Erzählungen

  Das Kind hört gern Geschichten, am liebsten zu wiederholten Malen und dann
  am liebsten noch im selben Wortlaut. Oft kann es ganze Passagen von Geschichten auswendig. Gibt es niemanden, der ihm vorliest oder erzählt, dann
  begnügt es sich auch mit Hörmedien.

- Sensibilität für Ziffern, Zahlen und Zählen

  Im Laufe des frühen Spracherwerbs eignet sich das Kind die Zahlennamen an *Zahlennamen*
  und spricht sie häufig der Reihe nach auswendig, ohne jedoch zu wissen, was sie
  bedeuten. Etwa mit viereinhalb Jahren ist das Kind in der Lage, den Zahlbegriff *Zahlbegriff*
  aufzubauen, also zu erkennen, dass die Zahl eine Menge von Elementen aus-
  drückt, die mit einem bestimmten Zahlennamen belegt wird.

  Sobald es den Zahlbegriff bis 10 sicher erworben hat, ist es auch in der Lage,
  das Dezimalsystem zu verstehen und sich in diesem handelnd zu bewegen, z. B. *Dezimalsystem*
  bis 10.000. Kinder zwischen drei und sechs Jahren können die vier Grundoperationen des Rechnens verstehen und mit Hilfe von Material durchführen.

- Sensibilität für Geometrie: Das geometrische Gefühl

  Im Zuge des Ordnens seiner Wahrnehmungen und Bilder entdeckt das Kind
  etwa mit vier Jahren geometrische Formen und entwickelt ein geometrisches
  Gefühl. Überall in seiner Umgebung entdeckt es geometrische Aspekte: recht-
  winklige Tische, die Kreise der Teller, Muster von Fliesen, die Vierecke der Ser-
  vietten und die daraus durch Faltung entstandenen Dreiecke. Es ist fasziniert
  von geometrischen Figuren und Körpern, Dreiecken, Vierecken, Kreisen, Pris-
  men, Würfeln, Kugeln etc. Es baut Figuren aus Teilen zusammen und baut mit
  Bausteinen verschiedene Körpergestalten.

- Sensibilität für Spiele

  Kinder denken sich Situationen aus und spielen sie. Sie übernehmen Rollen und
  erweitern damit das Situationsspiel zum Rollenspiel. Sie experimentieren mit ver- *Rollenspiel*

schiedenen Reaktionen und Handlungsalternativen. Später erweitern sie ihren Spielraum auf Regelspiele.

- Sensibilität für Geschicklichkeit und Gleichgewicht

  Sichere Körperbeherrschung verlangt nach einem sicheren Gleichgewicht. Das Kind beugt sich nach unten oder streckt sich, um nach etwas zu greifen. Es muss aus vollem Lauf anhalten oder ausweichen. Treppen steigen, hüpfen, fangen und werfen, schaukeln, klettern verlangen eine hohe Beherrschung des Gleichgewichts, erst recht Roller fahren und Rad fahren. Kinder in diesem Alter suchen Gelegenheiten zum Balancieren. Durch das Erlangen des körperlichen Gleichgewichts gewinnt das Kind Selbstvertrauen.

- Sensibilität für Koordination von Körperfunktionen und Körperertüchtigung

  Einen Ball auf ein Ziel zu werfen, ihn zu fangen, zu prellen, in gerader Linie zu rollen, einen Reifen zu rollen und ihn aus dem Lauf zu fassen, verlangt ein hohe Koordination verschiedener Bewegungsmuster und Sinneswahrnehmungen. Kinder in diesem Alter wollen solche Koordinationsleistungen durch Üben steigern. Ebenso wollen sie ihre körperliche Leistungskraft erproben und steigern. Doch noch geht es nicht um Sieg und Medaille.

- Sensibilität für Kontaktaufnahme und das Erproben von Beziehungen

  Freundschaften Kinder suchen Kontakte zu anderen Kindern und knüpfen Freundschaften. Sie besuchen sich und übernachten sogar bisweilen bei einem anderen Kind. Sie nehmen ihre Gruppe wahr und zählen sich selbst dazu. Sie arbeiten und spielen zusammen.

4.3   Pädagogische Aufgaben und Grundsätze

Sämtliche allgemeinen Grundsätze der Montessori-Pädagogik gelten auch für Kinder dieser Altersgruppe. Sie brauchen Freiheit, um selbst aktiv werden zu können. Sie brauchen Freiheit, sich zu bewegen, und Freiheit zur Wiederholung ihrer Tätigkeiten. Auch für sie geht es zuallererst um die Polarisation der Aufmerksamkeit. Sie benötigen Anlässe, Anreize und Gegenstände zum Handeln gemäß ihren Entwicklungsbedürfnissen und Sensibilitäten.

Praktische Übungen des täglichen Lebens

zugleich Sinnes-
und Bewegungser-
ziehung In den ersten Lebensjahren haben die Kinder einen großen natürlichen Bewegungsdrang. Sie wollen mit den Dingen ihrer Umgebung vertraut werden und sinnvolle Tätigkeiten ausführen. Die Übungen des täglichen Lebens führen exemplarisch in Handlungsabläufe des Lebensalltags ein und dienen zugleich der Sinnes- und der Bewegungserziehung.

Die Kinder befinden sich in einer sensiblen Periode der Entwicklung von präzisen Bewegungsabläufen. Zunächst sind die Bewegungen des Kindes noch unkoordiniert. Die Übungen helfen dem Kind, seine Bewegungen zu ordnen.

Für jüngere Kinder haben diese Tätigkeiten noch reinen Selbstzweck. Sie schütten, gießen oder putzen um der Tätigkeit willen, aus Freude am Tun, ohne unmittelbar ein Resultat anzustreben. Später legt das Kind Wert auf Genauigkeit und Vollständigkeit der Handlung. zunächst reiner Selbstzweck

Erst für die älteren Kinder wird das Ergebnis des Tuns wichtig. Sie achten auf die Ordnung in ihrer Umgebung und auf deren Pflege. Sie wenden die bei den spielerischen Übungen erworbenen Fähigkeiten im praktischen Leben an. Schließlich setzen sie die Übungen für die Gemeinschaft ein. später Ergebnis wichtig

Über Analyse und Bewusstwerdung der Einzelheiten eines Bewegungsablaufs kommen die Kinder zur Koordination und Harmonisierung ihrer Bewegungen. Sie erlangen so einen höheren Grad der Beherrschung ihres Körpers. Sie bauen ihre Person, also Körper, Geist und Seele auf.

Die Übungen des täglichen Lebens fördern die Unabhängigkeit des Kindes vom Erwachsenen, seine Selbständigkeit und damit seine Sicherheit und sein Selbstwertgefühl. Sie befriedigen und lenken den Bewegungsdrang des Kindes und koordinieren Geist und Bewegung. Sie fördern, koordinieren, verfeinern und harmonisieren Bewegungsabläufe und lassen das Kind den vollständigen Zyklus einer Arbeit erleben. Unabhängigkeit vom Erwachsenen

Das Kind entwickelt ein Verantwortungsbewusstsein für die Umgebung. Gleichzeitig bilden sich eine innere Ordnung und das Gespür für soziale und kulturspezifische Verhaltensweisen. So befähigen diese Übungen zum Leben in der Gemeinschaft. Verantwortungsbewusstsein

Die Arbeit mit dem Sinnesmaterial

Jedes Kind erforscht freiwillig und spontan die äußere Umgebung. Es empfindet Freude bei jeder Neuentdeckung. Das Kind wird zum spontanen Beobachter. Hierfür braucht es Mittel zur Beobachtung, um seine Sinne ausbilden zu können. Die Sinneserfahrung spielt eine große Rolle bei der intellektuellen Bildung und für die Orientierung des Kindes. Über das Sinnesmaterial erhält das Kind statt einer vagen eine bewusste Ordnung und kann zu klaren Abstraktionen kommen. Es unterscheidet nicht nur die Dinge voneinander, sondern auch die Merkmale der Dinge, z. B. die Form von der Farbe. Die am Material gewonnenen Erkenntnisse werden wie *„Schlüssel zur Welt"* vom Kind in seiner Umwelt ausprobiert. Dadurch vertieft das Kind die Beziehungen zu Personen und Dingen seiner Umwelt. Sein Ich erwacht und es wird unabhängiger. Mittel zur Beobachtung

Für die Vorbereitung einer adäquaten Lernumgebung erhebt Montessori zwei Forderungen:

- *„Dem Kind die Philosophie der Dinge geben"*
  Darunter ist eine Konkretisierung abstrakter Inhalte zu verstehen. Diese Inhalte

sind mit Unterstützung des Erziehers so konkret zu gestalten, dass das Kind sie selbst tätig erarbeiten kann. Abstrakte Ideen wie Gewicht, Größe, Farbe, Form, Länge, Duft, Geräusch etc. existieren nicht unabhängig von wirklichen Dingen. Für die Denkentwicklung des Kindes besteht aber die dringende Notwendigkeit, zu solchen Kategorien auf dem Weg des Abstrahierens zu kommen. Das kann geschehen, wenn es gelingt, die abstrakte Idee zu materialisieren, so dass das Kind während der Arbeit mit einem solchen Material die diesem innewohnende Idee aufnehmen kann. Die Philosophie der Dinge erschließt sich durch genaues Wahrnehmen und durch Ordnung der Eindrücke und Erfahrungen.

abstrakte Idee materialisieren

• *„Das Kind zur wissenschaftlichen Methode zulassen"*

Montessoris Bild vom lernenden Kind ist das eines spontanen Wissenschaftlers, Forschers und Entdeckers. Nach ihrer Sicht geht das Kind bei der Untersuchung und Aneignung seiner Umwelt nach einer intuitiven Methode vor, die stark der Methode ähnelt, die die ersten Wissenschaftler anwandten: Genaues Beobachten der Welt in Form von Unterscheiden, Gruppieren und Klassifizieren der Dinge.

intuitive Methode

Mit Präzision wird das Einzelne genau wahrgenommen und sodann in den umgreifenden Zusammenhang eingeordnet. Das Interesse gilt der Beziehung unter den Dingen. Zu einem wissenschaftsorientierten Herangehen gehört eine klare Begriffsbildung. Das Kind kommt aber weder durch seine Erfahrung noch durch Denken allein zu den Begriffen, sondern diese entstehen in der aktiven Auseinandersetzung mit den Dingen, z. B. in der Form konkreter Operationen. Aus der Tätigkeit entwickeln sich die Begriffe.

klare Begriffsbildung

Grundlage der Ausbildung höherer kognitiver Funktionen sind präzise Wahrnehmungsleistungen. Diese entwickeln sich durch Schulung der Sinne.

4.4   Didaktische Konsequenzen

Vorbereitete Umgebung

Eine pädagogisch vorbereitete Umgebung muss dass Kind anregen, durch Selbsttätigkeit seine Persönlichkeit gemäß seinen Entwicklungsgesetzen zu entfalten. Das Kind muss sorgfältig ausgewählte und quantitativ begrenzte Anreize und Gegenstände antreffen, die übersichtlich und gut zugänglich präsentiert sind und die so attraktiv sind, dass sie das Kind zur Wahl einer Arbeit animieren, nachdem ihr korrekter Gebrauch von der Erzieherin gezeigt wurde.

quantitativ begrenzte Anreize

Ein wichtiges Sachkriterium ist die Entsprechung mit Sensibilitäten, Bedürfnissen und Interessen des Kindes. Das Kind muss demnach Material und Plätze finden für Malen, Schreiben, Lesen, Rechnen, Experimentieren, Spielen, Turnen, für die Tätigkeiten des Alltags, für Basteln, Bauen und Konstruieren, für Musik und für Naturerfahrungen.

den Interessen der Kinder entsprechen

Das Kind braucht Freiheit zur Selbsttätigkeit, Regeln für die Arbeit und das soziale Miteinander und Erwachsene, welche die Einhaltung der Regeln garantieren, Schutz und Sicherheit geben und das Kind beratend und beobachtend begleiten.

Regeln für die Arbeit

Das Kind braucht ein lebendiges soziales Umfeld, bestehend aus einer altersgemischten Gruppe, in dem es seine sozialen Erfahrungen machen kann.

altersgemischt

Räume

Möbel und Gegenstände, insbesondere Dinge des Alltagsgebrauchs im Rahmen der Übungen des täglichen Lebens sollten der Größe der Kinder angepasst sein. Raumprogramm und Raumaufteilung sollten so sein, dass Kinder in ruhigen Zonen ungestört arbeiten können, dass es Funktionsecken gemäß bestimmten Sensibilitäten gibt: Schreib- und Leseecke, Mathematikbereich, Malecke, Bauecke, Spielbereich, Rückzugs- oder Ruheraum, Bewegungs-, Turn- und Rhythmikbereich.

Funktionsecken

Der Fußboden von Zimmern und Gängen sollte mittels Einsatzes kleiner Teppiche als mobiler Arbeitsbereich genutzt werden können. Sämtliches Material befindet sich in niedrigen Regalen, die für das Kind offen zugänglich sind. Die Räume sollten hell und mit Pflanzen geschmückt sein. Die Haltung von kleinen Tieren sollte möglich sein.

Fußboden als mobiler Arbeitsbereich

Für Bewegung im Freien und Kontakt mit der Natur sollte eine Außenfläche mit Garten entweder unmittelbar oder in der Nähe vorhanden sein.

Material

- Übungen des täglichen Lebens

  Dazu gehören verschiedene Verschlussrahmen, Gefäße und Utensilien zum Schütten, Gießen, Löffeln, Sortieren, Umfüllen, Gegenstände zum Reinigen, Wischen, Fegen, Putzen, Polieren, Werkzeuge und Geräte zum Basteln, Bauen und Gärtnern u.a.m.

- Sinnesmaterial

  Hier gibt es Materialien zur Unterscheidung von Dimensionen (rote Stangen, braune Treppe, rosa Turm, Einsatzzylinder, farbige Zylinder), zur Unterscheidung von Farben, von Formen, Materialstrukturen, Gewichten, Geräuschen, Gerüchen, Geschmacks- und Wärmequalitäten.

  Es gibt auch Materialien wie die geometrische Kommode, die konstruktiven Dreiecke, geometrische Körper, Glocken.

  Merkmale des Sinnesmaterials sind die Isolierung eines Sinnes, die Isolierung der Eigenschaften der Dinge und die Isolierung der Schwierigkeit im Umgang mit dem Material. Dinge müssen nach einer Eigenschaft differenziert werden. Das Kind muss Paare von gleichen Objekten finden oder Gegensätze oder Serien

  Isolierung eines Sinnes

  Paare, Serien

von abgestuften Objekten bilden.

- Material zum Zeichnen, Basteln und Werken

  Das Kind braucht verschiedene Papiere, Buntstifte mit dicker Mine und Wachsstifte zum Zeichnen sowie Schere, Klebstoff, Knete, Ton, Holz und weitere Materialien.

- Material zum Schreiben

  Hierfür sind Sandpapierbuchstaben, das bewegliche Alphabet, ein Kasten mit aufgedruckten Buchstaben und metallene Einsatzfiguren vorgesehen.

- Material zum Lesen, Vorlesen und Erzählen

  Bilderbücher, Bücher für Erstleser, Bildkarten und andere Erzählanlässe und notfalls auch Hörmedien gehören in diesen Funktionsbereich.

- Material zum Zählen und Rechnen und zur Geometrie

  Auch dafür hält das Montessori-Material einen reichen Fundus bereit: Materialien zum Aufbau des Zahlbegriffs (numerische Stangen, Ziffernplättchen, Ziffern und Chips, Spindelkästen), die Schlangenspiele, Streifenbretter und Tabellen zur Addition und Subtraktion, die Séguintafeln, das Hunderterbrett, die Hunderter- und Tausenderkette, das goldene Perlenmaterial zur Einführung ins Dezimalsystem und in die Grundoperationen des Rechnens im Zahlenraum bis 10.000, das Markenspiel, der kleine Rechenrahmen. All das sind Materialien für das Kinderhaus.

  Die geometrischen Figuren und Karten, die geometrischen Körper und ihre Grundflächen, die metallenen Einsatzfiguren, die konstruktiven Dreiecke und der Satz Kreise, Dreiecke und Quadrate ermöglichen dem Kind geometrisches Handeln.

- Material zur Kosmischen Erziehung

  Biologische Begriffsbildung wird vorbereitet durch die biologische Kommode, die Kartensätze und diverse Puzzles, geographische Begriffsbildung durch den Sandpapier- und den Erdteileglobus, durch das Erdteile-Puzzle sowie durch Karten und Schalen zu Land- und Wasserformen.

Aufbau des Zahlbegriffs

Grundrechenarten

biologische und geographische Begriffsbildung

Lern- und Erfahrungsbereiche

- Sinneserziehung

  Die Erziehung der Sinne ist Teil des Persönlichkeitsaufbaus und der Intelligenzentwicklung des Kindes. Die ästhetische und die sittliche Erziehung sind mit der der Sinne eng verbunden. Die Bereicherung der Empfindungen und die Entwicklung der Fähigkeit, feine Unterschiede der Sinnesreize zu erkennen, verfeinert die Empfindung und erhöht die Lebenslust. Sinneserziehung ist Grundlage der höheren geistigen Tätigkeit.

Grundlage der höheren geistigen Tätigkeit

Die Schulung der Sinne ermöglicht differenzierte Beobachtung und Wahrnehmung. Dies wiederum ist die Basis für Begriffsbildung und sichere Urteile über die Realität.

Damit die Eigenschaften besser hervortreten, wird jeder Sinn isoliert und mittels abgestufter Reize durch die Arbeit mit dem spezifischen Montessori-Sinnesmaterial methodisch geschult. Das Material ermöglicht eine Klassifikation der Objekte nach deren Eigenschaften, woraus eine wirkungsvolle Hilfe für die geistige Ordnung entspringt. Der Bereich der Wahrnehmung vergrößert sich und führt somit zu einer reichhaltigeren Basis für die Entwicklung der Intelligenz.

Hilfe für die geistige Ordnung

Montessori nennt die Sinne auch die „*Greiforgane des Geistes*". Über die Arbeit mit dem Sinnesmaterial kommt das kleine Kind im Alter von drei bis vier Jahren zur Konzentration. Die Erziehung der Sinne durch die Arbeit mit dem Sinnesmaterial eröffnet die Möglichkeit, Mängel frühzeitig zu diagnostizieren und durch gezielte Frühförderung zu kompensieren.

frühzeitig diagnostizieren

- Bewegungserziehung

Bewegung ist die Form, wie sich Leben äußert. Die geistige Entwicklung kann und muss durch Bewegungen unterstützt werden. In einer vorbereiteten Umgebung müssen alle nötigen Möglichkeiten für Bewegungsübungen des Kindes angeboten werden, um die Koordinierung und die Verfeinerung der Bewegung und sinnvoller Handlungsabläufe zu fördern.

Verfeinerung der Bewegung

Gegenstände müssen nach Größe und Gewicht den Kräften des Kindes angemessen sein. Alle Materialien ermöglichen Handlung und Bewegung, insbesondere die praktischen Übungen des täglichen Lebens. Das Kind kann den Ort seines Arbeitens frei wählen.

Übungen des Gehens auf der Linie dienen der Fuß- und Beinmotorik wie der Gesamtkörperentwicklung, der Verfeinerung des Gleichgewichtssinnes und der Aufmerksamkeit des Kindes. Die Verfeinerung der Handmotorik ist die Voraussetzung für das Schreiben und Zeichnen. Das Zusammenleben verlangt nach kontrollierten Bewegungen und Rücksichtnahme. Gemeinsame Bewegungen während Rhythmik, Sport, Spiel und Tanz fördern nicht nur Koordination, Geschicklichkeit und ein gutes Körpergefühl, sondern auch das Gemeinschaftsgefühl und die Lebensfreude.

Gehen auf der Linie

gemeinsame Bewegungen

- Musisch-ästhetische Erziehung

Kinder brauchen Raum und Anregungen, eigene Ausdrucksmöglichkeiten zu entdecken und auszuprobieren, sei es beim Gestalten und Basteln, beim Zeichnen und Malen, beim Singen und Musizieren, beim Tanzen und darstellenden Spielen. Auf solche Weisen drückt ein Kind etwas von sich aus und lässt andere daran teilhaben. Geschieht dies in der Gruppe, können gemeinsame Empfindungen entstehen. Der Sinn für Schönheit und Harmonie entfaltet sich. Dieser wiederum kann seinen Ausdruck finden bei der Pflege und Gestaltung der Umgebung und der eigenen Person.

eigene Ausdrucksmöglichkeiten entdecken

Nicht zuletzt ist das Montessori-Material so beschaffen, dass es das ästhetische Empfinden der Kinder anspricht und attraktiv für sie wird. Grundlage der ästhetischen Erziehung ist die bewusste Wahrnehmung der Umwelt mittels der Sinne und ihre geistige Durchdringung. Ebenso gibt es keinen Ausdruck ohne Bewegung.

• Spracherziehung

Gedankenaustausch

Für die Ausbildung der Persönlichkeit ist der Gedankenaustausch von großer Bedeutung. Sprache ist stets persönliche Sprache. Nur wenn das Kind die Möglichkeit hat, sich zu äußern, und aufmerksame Zuhörer findet, kann sich Sprachausdruck entwickeln. Durch Erzählen, Vorlesen, durch Singen von Liedern und durch Aufsagen von Versen kann der Wortschatz erweitert und der Sprachausdruck gefördert werden.

Die Namenslektionen zu einem Montessori-Material und zu den Dingen der Umgebung kommen dem Worthunger des Kindes entgegen. Sie sind zugleich eine wichtige Hilfe für Kinder, die die deutsche Sprache als zweite Sprache erlernen.

phonologische
Bewusstheit

Durch Sprachspiele werden Kinder auf die einzelnen Laute der Sprache aufmerksam gemacht. Dadurch wird phonologische Bewusstheit angebahnt, eine wichtige Voraussetzung für das Schreiben.

Das Montessori-Sprachmaterial bereitet die Kinder indirekt auf das Schreiben vor. In der Regel lernen die Kinder im Kinderhaus das Schreiben und damit fast gleichzeitig das Lesen.

• Fremdsprache

Mehrsprachigkeit ist eine wichtige Schlüsselkompetenz, da sie zur Erweiterung geistiger Horizonte und individueller Handlungsmöglichkeiten führt und für interkulturelle Kommunikation unverzichtbar ist. Englisch als erste Fremdsprache

Englisch

wird fortgeführt. Die Sensibilität des frühen Kindesalters für den Erwerb einer Fremdsprache reicht über die Zeit im Kinderhaus hinaus.

in alltäglichen
Situationen

In alltäglichen Situationen werden Anweisungen in der Fremdsprache gegeben und die Durchführung wird kommentiert. Die Darbietung von Materialien und Übungen kann zweisprachig erfolgen. Das Kind wird zuerst hören, verstehen und handeln, bevor es sich zielsprachig äußert.

• Naturerziehung

Obwohl der Mensch sie verändert, in sie eingreift, immer häufiger sie sogar bedroht, ist er Teil der Natur und hat Verantwortung. Jedes Kind entwickelt ein Gefühl für die Natur, wenn es sie erleben und erkunden kann. Es freut sich an der Schönheit von Pflanzen und Tieren. Es experimentiert und baut mit Dingen aus der Natur. Es nimmt Anteil am Schicksal anderer Lebewesen. Es kümmert sich gern um Pflanzen und besonders um Tiere. Gerade für Stadtkinder ist es wichtig, Natur in diesen Raum hereinzuholen und andererseits immer wieder in die Natur hinauszugehen.

• Kosmische Erziehung

Jeder Einzelne ist Teil des Universums. Kinder erleben die Kreisläufe von Tag und Nacht, der Jahreszeiten, der Feste im Jahreskreis. Lebewesen werden geboren und sterben.

Kinder staunen über die Größe der Erde und des Himmels und die Vielfalt der Dinge und der Lebensformen. Durch Materialien zur Kosmischen Erziehung erfahren sie mit Hilfe ihrer Sinne geographische und biologische Grundbegriffe. Sie experimentieren mit Naturphänomenen.

Naturphänomene

• Mathematische Bildung und Geometrie

Durch die Arbeit mit dem Sinnesmaterial hat das Kind einen reichen Schatz an vor-mathematischen Erfahrungen gewonnen und ist so indirekt an die Mathematik herangeführt. Mit Hilfe des Mathematik-Materials kann es nun den Zahlbegriff bis zur 10 aufbauen. Nach Einführung der Stellenwertkategorien des Dezimalsystems eröffnet sich ihm der Zahlenraum bis 10.000. Kinder lieben große Zahlen.

Zahlenraum bis 10.000

Sie lernen, die vier Grundoperationen mit Material durchzuführen. Sie vertiefen ihre Kenntnisse im linearen Zählen bis 100.

Das Kind erfährt Flächen, Umrisslinien, Regelmäßigkeiten und Namen geometrischer Figuren. Es erfährt die Gestalten, Grundflächen und Namen geometrischer Körper. Es setzt ganze Figuren aus Teilfiguren zusammen und erzeugt Muster durch Legen.

geometrische Figuren

• Denkerziehung

Integrales Prinzip aller Lern- und Erfahrungsbereiche ist die Erziehung zum genauen Beobachten, Vergleichen, Unterscheiden und Urteilen. Das Kind sucht nach Gesetzmäßigkeiten. Es stellt Vermutungen auf, sucht selbständig Lösungswege, argumentiert, wägt ab und begründet. Es wendet Erfahrungen und Erkenntnisse auf neue Situationen an.

Gesetzmäßigkeiten

• Sozialerziehung

Ein Kind, das frei tätig werden kann und Freiheit hat, sein soziales Leben zu gestalten, kann sich durch Erfahrungen, die es macht, dem sozialen Leben anpassen. Eine wichtige Hilfe ist dabei die Altersmischung der Gruppe, durch die das Kind reichere soziale Erfahrungen machen kann. Auf diesem Weg baut das Kind soziale Kompetenzen und Tugenden auf. Es lernt, sich zu behaupten, Konflikte auszutragen, Rücksicht zu nehmen, zu warten, Anteil zu nehmen, sich um andere zu kümmern, sich Hilfe zu verschaffen, mit anderen zu kooperieren und zu kommunizieren.

reiche soziale Erfahrungen durch Altersmischung

- Moralische Erziehung

  Im Alter von 0-3 Jahren gehorcht ein Kind nur gelegentlich. Mit der Entwicklung seines Willens gewinnt es zunehmend Kontrolle über sich und kann sich jetzt in seinem Handeln den Regeln der Dinge und der Gemeinschaft unterordnen. Es entwickelt eine *„natürliche Disziplin"* , die der *„Stimme der Dinge"* gehorcht. Das Kind entwickelt aus der Empathie heraus ein moralisches Gefühl. Quelle ist das soziale Leben.

sich in andere
hineinversetzen

  Moralität und soziales Leben sind eng verbunden. Das Kind kann sich in andere hineinversetzen und deren Perspektive übernehmen. Aus der Perspektive des Opfers kann es ein Gefühl dafür entwickeln, was sein Handeln anrichten kann. Es kann daraus folgern: „Ich möchte das nicht. Das andere Kind wird das höchstwahrscheinlich ebenso nicht wollen." Kinder entwickeln oft eine hohe Sensibilität des Mitleidens auch für Tiere und Pflanzen und deren Leben. Schlimme Taten und Nachrichten verkraften sie nur schwer.

Aufgabe der Erzieherin / des Erziehers

Betrachtet man die Lern- und Erfahrungsbereiche, die sich aus der Beobachtung der Sensibilitäten des Kindes ergebenden, so ist deutlich, dass die Erzieherinnen und Erzieher so gebildet sein müssen, dass sie klare Vorbilder und sichere Begleiter des Kindes sein können. Sie müssen die Technik der Beobachtung von Kindern beherrschen, um die Potenziale und die Entwicklungsbedürfnisse jedes einzelnen Kindes erkennen zu können. Sie müssen die Materialien perfekt beherrschen und die Kinder in den Kontakt mit diesen bringen.

klare Vorbilder und
sichere Begleiter

Das Kind will in seiner Individualität gesehen und respektiert werden. Jedes Kind hat seinen eigenen Entwicklungsweg, den es in eigenem Tempo und in der Ausrichtung an eigenen Bedürfnissen und Interessen beschreitet. Das Wichtigste, was es hierfür braucht, ist Freiheit zur Entwicklung und zu Erfahrungen, eine sorgfältig vorbereitete Umgebung und geduldige und liebevolle Erwachsene.

Im Verhalten, in der Sprache, in der Gestaltung des sozialen Lebens, auch im äußeren Erscheinungsbild, manchmal bis hin zu den kleinsten Handbewegungen, sogar was Neugier, Interessen und Begeisterung angeht, ahmen Kinder Erwachsene nach. Wer mit Kindern arbeitet, muss sich besonders gut selbst beobachten, reflektieren und kontrollieren.

Konflikte konstruktiv
bewältigen helfen

Die Erzieher helfen den Kindern dabei, ihre Konflikte konstruktiv bewältigen und Streit schlichten zu lernen.

frühzeitig
Schwierigkeiten
erkennen

Jedes Kind hat seine eigenen Stärken und Schwächen. Es ist die Aufgabe der Erzieherinnen und Erzieher, frühzeitig Schwierigkeiten zu erkennen und bei jedem Kind für die notwendige Förderung zur Kompensierung von Schwächen und zur Stimulierung von Interessen und Begabungen zu sorgen.

Montessori-Pädagogen achten besonders genau auf die Polarisation der Aufmerksamkeit und tun alles dafür, damit sie sich einstellen kann, da sie wissen, dass sich das Kind in Situationen tiefer Konzentration verändern kann und zu einer gesunden Entwicklung finden kann.

Teil III

Erziehung in der Schule nach Maria Montessori

Kapitel 5

Erziehung von 6- bis 12-Jährigen – die Grundstufe der Gemeinschaftsschule (Klasse 1-6)

5.1 Die Entwicklung des Kindes in der zweiten Entwicklungsstufe von sechs bis zwölf Jahren

Die neue Entwicklungsphase setzt ein mit deutlichen Veränderungen beim Kind. Unübersehbar sind die Zahnlücken. Der Körper streckt sich. Ausdauer und Bereitschaft zu Anstrengung und Konzentration nehmen zu.

Zu Beginn der Grundschulzeit, die nach Montessori sechs Schuljahre umfasst, sind Kinder von Neugier und Forscherdrang beseelt. Sie wollen buchstäblich alles wissen. Sie drängen nach dem Großen und Ganzen und verlangen nach Überblick und Orientierung. Sie lernen rasch und sind leicht zu interessieren. Sie sind bereit, sich an bestehende Ordnungen und Regeln anzupassen, und folgen in der Regel der Führung eines Erwachsenen, den sie lieben und von dem sie anerkannt werden möchten. Sie sind ganz und gar damit beschäftigt, sich die Kulturtechniken anzueignen und für sich die Welt zu erschließen.

Nicht alle Kinder sind zur gleichen Zeit reif für den Übergang in die Schule. Der richtige Zeitpunkt ist von Kind zu Kind verschieden. Das Montessori-Zentrum ermöglicht dem Kind einen individuellen Übergang.

Etwa in der Mitte dieser zweiten Entwicklungsphase beginnt das Kind, sich körperlich

Zahnlücken

drängen nach dem Großen und Ganzen

individueller Übergang

stark zu verändern. Es beginnt der Wandlungsprozess vom Kind zum Jugendlichen.
Damit geht ein Schub der Individualisierung und Abgrenzung einher. Die Geschlechtsidentität gewinnt an Bedeutung. Kinder achten stärker auf modische Kleidung und Frisur. Ihr Musikgeschmack ändert sich. Sie achten verstärkt auf Wirkung. Sie explorieren
ihr soziales Umfeld, beobachten intensiv das Verhalten anderer Menschen, ahmen ex-
perimentell nach und spielen Rollen. Sie experimentieren mit eigenen Meinungsäuße-
rungen und widersprechen. Sie glauben nicht mehr alles, sondern werden skeptischer.

Schub der Individualisierung {.marginnote}

Beim Lesen von Romanen, Betrachten von Filmen und beim Erzählen und Schreiben
von Geschichten befassen sie sich mit der Beobachtung von Personen und deren
Wirkung.

Zu den Entwicklungsbedürfnissen nach einem tätigen Leben, nach Orientierung und
Ordnung und nach Vervollkommnung der Sprache, welche die vorangegangene Phase prägten, treten in der zweiten Entwicklungsphase nun neue Sensibilitäten.

5.2   Sensibilitäten dieser Phase

Bedürfnis nach Erweiterung des Aktionsbereichs

Das Kind zeigt ein Bedürfnis nach Erweiterung seines gesamten Erfahrungsraumes.
Das Kind möchte die enge familiäre Grenze ausweiten und fühlt sich zu Gleichaltrigen, mit denen es gemeinsam arbeiten kann, hingezogen. Es entwickelt eine Art von
sozialer Aufmerksamkeit und sozialem Gespür. Die Kinder sind gern unter sich. Sie
besuchen sich, oft gern auch über Nacht. Sie gehen intensive Freundschaften ein. Sie
bauen eigene soziale Beziehungen auf und gestalten sie. Manchmal bilden sie Banden.

Kinder dieses Alters suchen nach räumlicher und geistiger Unabhängigkeit. Sie wollen
die Enge von Klassenzimmer und Schule überwinden und drängen hinaus in die Welt,
um eigene Erfahrungen zu machen.

Zwar ist die Familie als sozialer Schutzraum auch in der zweiten Hälfte der Entwicklungsphase noch immer von größter Wichtigkeit, doch der Drang, sich mit Altersglei-
chen zusammenzuscharen, wird größer.

Kinder entwickeln in diesem Alter Freude an gemeinsamen Spielen, am Musizieren, an
Theaterspiel, an Regeln und Ritualen, am sozialen Leben in der Klasse, in der Jugend-
gruppe und im Lagerleben. Sie versuchen sich in Selbstverwaltung und übernehmen
Ämter und Aufgaben.

Sie suchen jenseits der Familie nach Vorbildern und interessieren sich für Lebensbilder
und Lebensleistung bedeutender Menschen. Gleichzeitig suchen sie die Identifikation
mit Stars aus Sport und Musik. Ihr Interesse an ethischen Fragen nimmt zu, vor allem
an Fragen der Gerechtigkeit.

Sensibilität für moralische und soziale Fragen

Im Zeitraum des Übergangs von der Primär- zur Sekundärsozialisation vollzieht sich die Entwicklung des sozialen Bewusstseins.

Mit der Entwicklung des sozialen Bewusstseins ist die Entwicklung des moralischen Bewusstseins eng verknüpft, die sich als Sensibilität für Gerechtigkeit äußert.   Gerechtigkeit

Während das kleine Kind nach Orientierung in seiner Umgebung suchte, sucht das Kind in der Grundschulzeit nach Orientierung in moralischen Fragen. Es beschäftigt sich stark damit, zu wissen, ob das, was es tut, richtig oder falsch, gut oder schlecht ist. Dieser Prozess ist verbunden mit der Bildung des Gewissens.   Bildung des Gewissens

Kinder spüren, dass es zwar für alle gültige Maßstäbe gibt, dass es dennoch auf die Situation ankommt, um dem Einzelnen gerecht zu werden. Sie werden immer stärker für ihr Tun zur Rechenschaft gezogen. Könnte man sich nicht durch Lüge und Täuschung aus der Affäre ziehen? Was ist mit Neid, Eifersucht und Habgier? Darf man sich am anderen rächen? Kinder lernen zurückzustehen und auf andere zu achten. Sie können sich zunehmend besser in andere hineinversetzen.

Es entsteht ein Bedürfnis, eigene Handlungen und die anderer bewerten zu können. Das Kind lernt, Regeln zu folgen. Es wird initiativ und strebt nach Selbständigkeit und sozialer Verantwortung. Galt bisher das, was die Eltern sagen, so sucht das Kind jetzt herauszufinden, warum etwas gilt.

In der zweiten Hälfte dieser Entwicklungsphase zwischen dem neunten und zwölften Lebensjahr beginnen Kinder, mit abweichendem Verhalten zu experimentieren. Es kommt zu Regelverstößen, Streichen, Lügen, Doppeldeutigkeiten. Sie bekommen zunehmend einen Sinn für die Pluralität von Erscheinungsformen und Lösungen, mit dem Verdacht, es könne mehr als eine Lösung geben.   abweichendes Verhalten

Sie entwickeln ein erhöhtes Einfühlungsvermögen in andere und können besser deren Perspektive einnehmen. Sie experimentieren mit fiktiven Situationen und phantasieren, was wäre, wenn.... Fantasy-Literatur wird faszinierend, mit der Gefahr des Ausweichens in Parallelwelten, die weniger komplex sind als die Lebensrealität.   Einfühlungsvermögen

Sensibilität für Vorstellungen

Im Grundschulalter nimmt das Abstraktionsvermögen des Kindes zu. Abstraktes ist dem Kind nun nicht mehr nur begreifbar, wenn es ihm in einer materialisierten Form angeboten wird, sondern die Vorstellungskraft gewinnt zunehmend an Bedeutung. Das Kind betritt eine höhere Stufe der kognitiven Entwicklung.   Abstraktionsvermögen

„Die Prinzipien, die während der ersten Periode nützlicherweise angewandt werden, sind nicht dieselben, die man während der zweiten Periode anwenden muss."

Der kindliche Geist löst sich ab vom materiellen Teil der Umgebung und arbeitet vermehrt mit Hilfe der Phantasie und Vorstellungskraft (Imagination), die fast das Ausmaß   Imagination einer sensiblen Periode erreicht. Kinder sind nun in der Lage, jenseits ihrer konkreten Wahrnehmung in ihrer Einbildungskraft zusammenhängende Vorstellungsbilder von der Welt zu schaffen. Große Bildtafeln, Zeitleisten, Erzählungen und Experimente stimulieren diese Vorstellungskraft.

Außer einer großen Lernbegierde, einer Forscher- und Abenteuerneugier haben die Kinder ein Bedürfnis, Beziehungen zwischen Fakten herzustellen und daraus Schlüsse zu ziehen. Unablässig stellen sie Fragen nach dem „Wie", „Warum" und „Woher".

„Wie funktioniert das?"

Sind in der ersten Entwicklungsstufe bis zum sechsten Lebensjahr die häufigsten Fragen des Kindes „Was ist das?" und „Wie heißt das?", so lautet die wichtigste Frage in der zweiten Stufe „Wie funktioniert das?". Dem Kind geht es um das Explorieren des inneren Funktionierens der Dinge, und zwar weit über die Reichweite der Sinne hinaus. Seine spontane Aktivität drängt nach offenem Erkunden. Interessant ist der ganze Kosmos. Allerdings lässt das Interesse für die äußere Ordnung nach. Stattdessen wächst ein Interesse für innere Ordnungen.

Montessori spricht von einer *„extrovertierenden, hungrigen Intelligenz"* der Kinder von sechs bis zwölf Jahren.

Weitere Interessen und Bedürfnisse

Neben den drei markanten Sensibilitäten gibt es eine Reihe von Themen und Erfahrungsbereichen, für die Kinder in dieser Entwicklungsphase besonders empfänglich sind.

- Interesse für Naturphänomene

  Die Kinder interessieren sich für Wasser, Feuer, die Erde und ihre Geschichte, Gesteine, Wetter, Luft, Licht, für den Körper und die Sinnesorgane, für die Elektrizität und den Magnetismus. Sie experimentieren mit Stoffen. Sie sammeln Pflanzen und beobachten und bestimmen sie. Sie bestimmen Bäume.

  Forschergeist

  Um das siebte Lebensjahr herum erwacht ihr Forschergeist. Sie machen die ersten Schritte ins Feld der Wissenschaften und machen sich mit ihren Grundlagen, ihrer Denkweise und ihren Methoden vertraut.

- Interesse für Tiere

  Kinder diesen Alters haben ein ausgeprägtes Interesse für Tiere. Sie gehen gern auf den Bauernhof und besuchen den Zoo oder ähnliche Einrichtungen.

  Sie beginnen, Tiere nach Merkmalen zu klassifizieren und zu beschreiben. Manche sind wahre Kenner ausgefallener Tiere. Ihr erstes Referat halten sie meistens über ein Tier.

- Interesse für das Bauen und Konstruieren und für Technik

  Viele Kinder bauen und konstruieren gern, sei es mit Naturmaterialien oder mit Lego-Steinen oder anderen Materialien. Sie lesen Pläne und bauen Modelle nach oder sie erfinden Eigenes. Besonders faszinierend ist das Experimentieren mit Elektro-Baukästen.

- Interesse für Geschichte und das Leben anderer Völker

  Viele Kinder interessieren sich dafür, wie die Menschen früher lebten, wie sie sich kleideten, sich ernährten, wohnten, arbeiteten, Kinder großzogen, sich verteidigten, für ihre Sitten und Gebräuche, für Kunst und Religion. Sie befassen sich mit dem Leben der Steinzeitmenschen, der Ägypter, Griechen, Römer und mit der Zeit der Ritter oder der Entdecker. *andere Zeiten*

  Ebenso interessant ist es für sie, etwas über das Leben der Menschen in anderen Ländern zu erfahren. Darüber hinaus interessieren sie sich für die Entstehungsgeschichten von Allem und Jedem. *andere Länder*

- Interesse für Geschichten

  Kinder hören gern Geschichten. Mangels Erzählern nehmen sie auch mit Filmen vorlieb. Wenn sie einmal die Hürde des Lesenlernens genommen haben und Übung darin erreicht haben, dann geraten etliche Kinder in den Rausch des Lesens. Sie machen sich über Kinderbücher, Kinderkrimis, Tierbücher, Abenteuer- und auch Fantasiebücher her. *Rausch des Lesens*

- Drang zu Gemeinschaftsveranstaltungen

  In diesem Alter sind Kinder bereit zu erproben, wie das Leben in einer Gruppe funktioniert und wie es ist, zu einer Gruppe zu gehören. Einige finden den Weg in eine Jugendgruppe, andere werden Mitglied in einem Verein. Manchmal ist es der Schulchor oder eine Arbeitsgemeinschaft, um sich als Teil einer Gruppe erfahren zu können. *Jugendgruppe oder Verein*

- Bedürfnis nach Erlebnissen, Abenteuern und körperlicher Erprobung

  Noch vieles ist für Kinder völlig neu und gerät für sie schnell zu einem Erlebnis, sei es eine Radtour, eine Bootsfahrt, ein Flug oder eine Nachtwanderung. Viele Kinder suchen das kontrollierte Abenteuer. Manchmal müssen der Abenteuerspielplatz oder der Erlebnispark als Ersatz herhalten. Eine ganze Reihe von Kindern betreibt in der Freizeit Sport, einige von ihnen innerhalb eines Vereins.

- Aufgeschlossenheit für die Erprobung musischer Ausdrucksmittel

  In den ersten Jahren der zweiten Entwicklungsphase singen die Kinder gern. Einige sind bereit, ein Instrument zu erlernen. Später wird das Hören von Musik wichtiger und die Ausprägung eines eigenen Musikgeschmacks. *Instrument erlernen*

  In den ersten Jahren sind die meisten Kinder bestrebt, Objekte ihrer Umwelt zeichnerisch realistisch darzustellen. Solange sie das noch nicht mit freier Hand beherrschen, pausen sie gern ab.

  Vielen Kindern gefallen Gedichte. Ihr Sprachgefühl entwickelt sich. Durch Übernahme von Redewendungen und Stilmitteln suchen sie nach einem persönlichen Sprachausdruck. *persönlicher Sprachausdruck*

- Lust, zu denken und zu debattieren

Kinder lieben Rätsel und Knobelaufgaben. Sie erproben sich im Kombinieren und Argumentieren.

In der Mitte der zweiten Entwicklungsphase probieren sie eigene Standpunkte und Meinungsartikulation aus. Sie experimentieren mit verschiedenen Sichtweisen. Sie nehmen nicht mehr alles ungeprüft und unwidersprochen hin.

5.3　Pädagogische Aufgaben und Grundsätze

Kosmische Erziehung als Leitkonzept für die Grundstufe der Montessori-Gemeinschaftsschule

Kosmische Erziehung ist die adäquate, konkrete Antwort auf die Erziehungsbedürfnisse der Kinder in der zweiten Entwicklungsstufe.

Erforschen der Natur　Montessori betrachtete die Kosmische Erziehung – das Erforschen der Natur durch die Kinder und mit den Kindern – als das geeignete Unterrichtskonzept für die Entwicklungsstufe der 6-12-Jährigen mit ihrem Verlangen, Zusammenhänge zu verstehen, mit ihrem Hunger nach Wissen und ihrer Sensibilität für Gerechtigkeit.

traditionelle Schule unterfordert　Nach Montessoris Auffassung unterfordert die traditionelle Schule Kinder der zweiten Entwicklungsstufe mit ihrem großen intellektuellen Potential, indem sie ihnen zu wenig Lern- und Erfahrungsangebote macht.

Erziehungsgrundsätze und methodische Aspekte der Kosmischen Erziehung

Leitlinien der Kosmischen Erziehung

Verantwortung übernehmen　Die Kosmische Erziehung folgt einem ganzheitlichen Ansatz. Die Kinder sollen Wege finden, sich die Welt zu erobern, und lernen, Verantwortung für diese Welt und sich selbst zu übernehmen. Sie sollen Einsicht und ein Gefühl dafür bekommen, dass in der Welt alles miteinander zusammenhängt, voneinander abhängig und aufeinander angewiesen ist. Hier wird die interkulturelle, interdisziplinäre und ökologische Dimension der Kosmischen Erziehung sichtbar.

Dabei geht es nicht allein um die Vermittlung von Kenntnissen, sondern um Sensibilisierung für die Schönheit der Natur und um das Wecken von Bewunderung, Staunen und Ehrfurcht gegenüber der Schöpfung. Kognition, Emotion und Moral sollen gleichermaßen angesprochen werden.

Kognition, Emotion und Moral

„Was es lernt, muss interessant und faszinierend sein. Man muss Großes bringen. Am Anfang wollen wir ihm die ganze Welt geben."

„Wir wollen ihm [dem Kind, d. Verf.] *eine Vision des ganzen Universums geben."*

Die Kinder verlangen nach dem Großen und Geheimnisvollen. Ihnen sollte daher die ganze Welt in anschaulichen Bildern und nicht Einzelheiten geboten werden.

„Einzelheiten lehren bedeutet, Verwirrung stiften. Die Beziehung unter den Dingen herstellen bedeutet, Erkenntnisse vermitteln."

Kinder brauchen ein Überblicks- und Orientierungswissen. Das primäre Ziel ist es, Zusammenhänge grundlegend zu verstehen, in die weitere Details und neue Informationen eingebaut werden können. Kosmische Erziehung soll die Fähigkeit zum vernetzten, systemischen Denken entwickeln. Demgemäß wird das Lernarrangement nicht mehr bestimmt vom Prinzip der Isolierung von Eigenschaften, sondern vom Prinzip des Entdeckens von Zusammenhängen.

Zusammenhänge grundlegend verstehen

In *„panoramaartigen Überblicken"* (Mario Montessori) lernen Kinder die Horizonte des Kosmischen kennen. Ein Medium dafür sind die *„Kosmischen Erzählungen"*. In diesen Überblicken geht es um das *„breitwürfige Säen einer Höchstzahl von Interessenssamen"* , die Zugänge zu ganzen Kulturbereichen ermöglichen und Ausgangspunkte für fachliche Detailstudien sein können.

Kosmische Erzählungen

Hier führt der Weg von der Vorstellung des Ganzen zum genauen Erforschen der Einzelheiten. Der andere Weg führt ebenfalls zum Ganzen:

„Das Ganze geben, indem man das Detail als Mittel gibt."

„Die geringsten Details werden interessant, wenn sie als Teil eines Ganzen dargestellt werden; das Interesse wächst umso mehr, je mehr man von den Details weiß."

So *„setzt die Untersuchung des Details das Studium des Ganzen in Gang"*. Auf diese Weise wird beim Kind ein *„Keim für die Wissenschaft"* gelegt. Es gilt, *„der Forschungsbegierde die weiten Felder des Wissens zu öffnen"*.

Keim für die Wissenschaft

Die Rolle des Materials in der Kosmischen Erziehung

Der Stellenwert des Materials verschiebt sich in dieser Altersphase gegenüber der des Kinderhausalters.

„Es ist nicht genug, dem Kind Material darzubieten. Es will in die Welt hinausgehen und das „Material" selbst finden. Wir haben für Schulen und Material gesorgt; dies reicht nicht aus, das Kind will selbst forschen und sich anstrengen."

Man muss dem Kind zunächst *„die Welt selbst darbieten"* .

Das Material in der ersten Phase, der Kinderhausphase, ist der *„Schlüssel zur Welt"*, mit dessen Hilfe das Kind die vom absorbierenden Geist undifferenziert aufgenommenen Umwelteindrücke strukturiert und Ordnungen ausbildet. Dieser Schlüssel ersetzt die Welt nicht. Bereits in der Grundschulzeit spielen neben dem Material die realen Erfahrungen mit der Welt eine Rolle. Das Material ist nur noch ein Teil der vorbereiteten Umgebung.

erweiterte Arbeitsformen Immer stärker drängen die Entwicklungsbedürfnisse des Kindes nach erweiterten Arbeitsformen. Das Klassenzimmer ist im übertragenen Sinn zu klein und eng geworden, um die Welt zu fassen. Wichtig werden jetzt Exkursionen, originale Begegnungen, praktisches Handeln. Hinzu kommen andere Arbeitsformen wie Experiment, Projektarbeit, Gruppenarbeit, Vortrag und Präsentation. Montessori hob besonders den Wert der Gruppenarbeit innerhalb der Kosmischen Erziehung, also für Kinder der zweiten Entwicklungsstufe hervor: *„Das Studieren und Nachdenken rufen nach der Gruppe."*

Auf Exkursionen und Wanderungen lässt sich das Entstehen von Sachinteresse fördern:

„Veranlassen wir das Kind zu wandern, zeigen wir ihm die Dinge in ihrer Wirklichkeit, anstatt Gegenstände anzufertigen, die Begriffe darstellen, und sie in einen Schrank einzuschließen."

„Keine Beschreibung, kein Bild, kein Buch kann das wirkliche Sehen der Bäume mit dem ganzen Leben, das sich um sie herum in einem Wald abspielt, ersetzen."

Für Montessori stellt das Material nur den Ausgangspunkt geistiger Bildung dar, dessen Bedeutung in dem Maße abnimmt, in dem die Fähigkeit zur Abstraktion wächst und die Vorstellungskraft an seine Stelle treten kann.

„Diese Gegenstände müssen so dargestellt werden, dass sie die Phantasie des Kindes anstoßen und seine Begeisterung wecken." M. Montessori)

Die Aufgabe des Materials liegt darin, Grundlagen für die Höherentwicklung des Geistes zu schaffen. Es hat dienende Funktion. Insofern ist es Ausgangspunkt für den Aufschwung des Geistes bzw. Unterstützung. Befindet sich das Kind im Prozess der Abstraktion, so können Materialien sogar zu Hindernissen werden, welche die spontane Entwicklung verzögern und die aufkommende Begeisterung löschen. Eine weitere Gefahr liegt in der Überfülle an Material.

„Der gleiche Fehler kann durch eine übermäßige Quantität des Entwicklungsmaterials gemacht werden; sie kann die Aufmerksamkeit zerstreuen, die Übungen mit den Gegenständen mechanisieren und das Kind an dem psychologischen Moment seines Aufstiegs vorbeigehen lassen, ohne sich dessen bewusst zu werden, ohne ihn zu ergreifen. Diese Gegenstände sind meistenteils unnütz, und an ihrer Überflüssigkeit kann sich die „Seele verlieren". Das Notwendige ist ausreichend und entspricht den inneren Bedürfnissen eines Lebens, das sich in der Entwicklung, d. h. im Aufstieg befindet. [...] Das Zuviel schwächt und verzögert den Fortschritt." (M Montessori.)

Ein Fehler in der Vorbereitung der Umgebung verhindert nicht nur eine mögliche Normalisation, sondern ruft selbst Deviationen, d. h. abweichendes Verhalten, hervor.

„Es [das Kind, d. Verf.] *verlangt „andere Gegenstände" und wieder „andere Gegenstände", denn es ist ein Gefangener im Kreis der unnützen Dinge und fühlt nur das Bedürfnis, seine Langeweile zu mindern."*

Für indirektes Lehren, das autodidaktisches Lernen ermöglicht, ist die Qualität des Lernangebots entscheidend. Es sind daher Kriterien der Qualität, welche die Quantität begrenzen und verhindern, dass die Umgebung durch Wildwuchs zuwuchert. Nach Montessori muss eine gut vorbereitete Umgebung alles Notwendige bereithalten, aber gleichzeitig alles Überflüssige vermeiden.

Qualität des Lernangebots entscheidend

Die Gültigkeit der allgemeinen Prinzipien für die zweite Entwicklungsstufe

Für alle drei Entwicklungsstufen gelten die Prinzipien des Selbstaufbaus, der Selbsterziehung und Selbstbildung. Ebenso gilt das Gebot der freien und eigenverantwortlichen Selbsttätigkeit. Auch sind die Erziehungsziele für alle Stufen Selbständigkeit und Unabhängigkeit, das Erlangen von „Selbstmeisterschaft".

Zwei Bedingungen sind dabei für die Selbstentwicklung unumgänglich:

1. Freiheit in Gestalt der freien Wahl der Tätigkeit im Rahmen bindender Regeln und in der Pflicht zur Arbeit und „Nahrung" für die Entwicklungsbedürfnisse der entsprechenden Stufe.

2. Die Absicht ist, dem Individuum Freiheit zu lassen und Anregungen zu geben, dass es die ihm innewohnenden Potenziale entfalten und seine Persönlichkeit bilden kann.

5.4   Bildungsinhalte und Lernfelder

Bestimmung der Inhalte und Ziele

Die Inhalte bestimmen sich nach den Entwicklungsbedürfnissen von Kindern der zweiten Erziehungsstufe und nach den im Programm der Kosmischen Erziehung aufgestellten Leitlinien für diese Stufe.

Die Inhalte sollen dem Kind helfen, sein Potenzial zu entfalten, seine Persönlichkeit zu entwickeln und sich in seine Kultur und seine Gesellschaft einzupassen.

Es geht nicht um die Anhäufung von Wissen, sondern darum, dass jedes Kind selbständig und unabhängig wird, dass es zu eigenen Urteilen kommt, dass es eigenverantwortlich lernt und lebt, und dass es Interesse, Lernfreude, Arbeitshaltung und Selbstbewusstsein entwickelt.

Kognitive Ziele sind nicht das Hauptanliegen

Kognitive Ziele, so imponierend sie auch erscheinen mögen, sind nicht das Hauptanliegen der Montessori-Pädagogik. Sollen sie zur Persönlichkeitsbildung des ganzen Menschen beitragen, benötigen sie die Verbindung mit der psycho-sozialen, der emotionalen und der moralischen Entwicklungsseite.

Welt bedeutet Natur und Kultur

Entwicklungsbedürfnisse und Sensibilitäten der zweiten Erziehungsstufe drängen das Kind danach, Orientierung zu bekommen, Zusammenhänge zu verstehen und ein Verständnis von der Welt und dem Großen und Ganzen zu gewinnen. Welt bedeutet für Montessori immer Natur und Kultur: die Welt der Naturphänomene und Naturgesetze und die Welt der Zahlen, der Sprache, der Technik, der menschlichen Gemeinschaft.

Aus Sicht und Erfahrung der Montessori-Pädagogik können Kinder wesentlich mehr, als der herkömmliche Grundschulunterricht und der Bildungsplan ihnen zutrauen. Diese Idee des Großen und Ganzen muss im Curriculum immer spürbar sein:

- Die Ziele müssen Orientierung vermitteln und Überblick geben.

- Die Ziele müssen Zusammenhänge erkennbar und verstehbar machen.

- Interessen und Neugier sollen geweckt werden.

weniger ist mehr

Für die Auswahl und Umsetzung der Inhalte folgt daraus, alles, was Verwirrung stiftet und alles Bedeutungslose und Nebensächliche zu meiden, nicht vernetzbare Einzelheiten wegzulassen, sich auf das Wesentliche zu konzentrieren und das exemplarische Prinzip „Weniger ist mehr" anzuwenden.

Ordnungen und Strukturen sind die entscheidenden Stützen für den geistigen Selbstaufbau des Kindes. Von besonderer Bedeutung sind daher solche Inhalte, die Orientierung und Struktur geben und die auch in ihrem inneren Aufbau ordnungsbildende Strukturen aufweisen.

Differenzierung der Ziele: Fordern und Fördern

Jedes Kind, egal welchen Begabungspotenzials, muss in den Inhalten eine seinem Leistungsvermögen entsprechende geistige Nahrung finden. Daher muss nicht jedes Kind sämtliche Teilziele realisieren. Das Curriculum ist für das Kind da und nicht umgekehrt. In der Verschiedenheit der Kinder liegt begründet, dass das Erreichen der Teilziele eines Themas von Kind zu Kind differiert.

individuelles, differenziertes Lernen ermöglichen

Wenn Selbstbildung ein vom Kind individuell gesteuerter Akt ist, müssen Inhalte didaktisch so aufbereitet sein, dass sie individuelles und differenziertes Lernen ermöglichen und gleichzeitig das Lernen miteinander und voneinander begünstigen.

Wo Kinder hinsichtlich vergleichbarer Standards der staatlichen Bildungspläne ein Niveau grundlegender Anforderungen unterschreiten, müssen sie auf Basis einer Diagnose ihrer Schwierigkeiten gefördert werden. Umgekehrt haben leistungsstarke Kinder Anspruch auf herausfordernde Anreize.

Bildungsinhalte und Leistungsbeurteilung

Der pädagogische Leistungsbegriff der Montessori-Pädagogik

Jedes Kind baut sich selbst auf. Es bildet und erzieht sich selbst. Es lernt selbst. Darin liegt seine Leistung.

Leistung ist mehr als die Erfüllung eines Pensums und mehr als kognitiver Wissenserwerb. Leistung ist eine Selbstbeanspruchung in sachlich-inhaltlicher, geistiger, emotionaler, körperlicher Hinsicht und in sozialer und sittlicher Verantwortung.

Lernen, Können und Anstrengung haben ihre Begründung in sich selbst. Ihr Sinn liegt nicht im Erwerb von Zeugnissen und Berechtigungen, sondern vielmehr im Gewinn neuer Einsichten und Interessen, in der Liebe zu Sachverhalten, in der Bewährung vor Aufgaben, in der Lösung von Problemen, in der Gewinnung von Selbstvertrauen und Selbstbewusstsein und in der Verantwortung gegenüber Natur und Mitmenschen. Der pädagogische Sinn solcher Leistungen und einer ganzheitlichen Bildung liegt in der Entwicklung der Persönlichkeit des einzelnen Kindes.

Grundsätze für Leistungsanforderungen und Leistungsmessung

Leistungsanforderungen und Leistungsmessung dürfen den pädagogischen Zielen nicht widersprechen.

- Orientierung am individuellen Lern- und Entwicklungsprozess des Kindes

  Oft wird nur das als Schulleistung wahrgenommen, was sich abprüfen und messen lässt. Statt sich auf messbare Lernprodukte zu konzentrieren, sollte das pädagogische Interesse in höherem Maße der Begleitung und Beratung des Lernenden in seinem Lernprozess gelten, um herauszufinden, wie das Kind lernt, wo seine Stärken liegen, welche Schwierigkeiten es hat und welche Hilfe es benötigt. Kinder sollten an ihren individuellen Lernmöglichkeiten gemessen werden. *Begleitung und Beratung*

  Die individuelle Fehlerkontrolle ist pädagogisch wertvoller als die Fremdkontrolle durch den Lehrer, Selbstevaluation ist für den Lernprozess des Kindes wichtiger als Fremdevaluation. *individuelle Fehlerkontrolle*

- Orientieren an der freien Wahl des Kindes

  Wo ein Kind die Freiheit hat, seinen Lerngegenstand selbst zu bestimmen, werden seine Lernleistungen komplexer und sind somit viel komplizierter zu erfassen. Die Lernprozesse sind stärker differenziert und individualisiert, auch in Hinblick auf Zeitraum, Intensität, Qualität und Sozialform des Lernens. Die soziale und emotionale Dimension des Lernens erhält ein stärkeres Gewicht.

  Das eigentliche Lernziel oder Lernprodukt macht nur einen Teil dessen aus, was darüber hinaus noch gelernt wird: Arbeitshaltung, Ausdauer, Gewissenhaftigkeit, Entscheidungskraft, Lesefähigkeit, Textverständnis, Fähigkeit, Hypothesen zu bilden und diese zu überprüfen, verschiedene Methoden anzuwenden, zu argumentieren, zu formulieren, zu verschriftlichen, zu präsentieren und zu gestalten, Lernfreude, Selbstvertrauen, Selbstbewusstsein, Teamfähigkeit etc.

Ein solches Lernen ist mit traditionellen Verfahren nicht erfassbar, nicht messbar und schon gar nicht mit einer Ziffer abbildbar.

- Orientierung an der sozialen Dimension des Lernens

In altersgemischten Lerngruppen wird Heterogenität anerkannt und es wird durch Förderung des Helferprinzips Konkurrenz eingedämmt. Durch gemeinsames Lernen und Leisten wird nicht nur soziales Lernen begünstigt, sondern das Lernklima verbessert sich für jede Form des Lernens.

Überall da, wo Leistungsvergleiche möglich sind oder gar stimuliert werden, kommt es zu rivalisierendem Vergleichen und zu Konkurrenzdenken, welche das Lernen beeinträchtigen.

- Orientierung am Grundsatz der Integration und Förderung

Grundschulkinder in Deutschland werden viel zu früh einem Auslesedruck unterworfen. Angst vor Versagen und vor sozialer Bloßstellung beeinträchtigt das Lernen. Im Gegensatz dazu brauchen Kinder vor allem Ermutigung und Förderung, um ihre Lernfreude und Anstrengungsbereitschaft zu wecken. Kinder brauchen für ihre persönlichen Lernfortschritte Bestätigung. Kinder müssen Leistungszuversicht und Selbstvertrauen gewinnen, um so erst leistungsfähig werden zu können.

- Orientierung am Erfolg und am Potenzial des Kindes

Schwächen und Defizite des Kindes werden in der Regel intensiver wahrgenommen als seine Stärken. Das gilt insbesondere für Fehler. Dabei sind Fehler notwendige Durchgangsstadien im Lernprozess. Daher plädiert die Montessori-Pädagogik dafür, dass sich der Lehrer nicht durch Loben, Strafen oder Verbessern von Fehlern einschaltet.

Kinder lernen durch Fehler, indem sie auf diese achten, sie einer Kontrolle unterziehen und dann selbst korrigieren. Dadurch, dass man erlebt, dass Dinge gelingen, wird Lernfreude geweckt und Leistungsbereitschaft gestärkt. Maßstab für die Bewertung des Lernerfolgs ist das individuelle Leistungsvermögen des Kindes.

- Rückmeldung geben

Kinder brauchen Resonanz und wollen Rückmeldung über ihre Lernwege und ihren Lernstand. Sie wollen sich einschätzen und brauchen die Bestätigung anderer, um zu einem realistischen Selbstbild kommen zu können. Sie müssen ihre neu erworbenen Fähigkeiten und Erkenntnisse erproben und testen können, um verlässliche Hinweise über die Qualität ihres Lernens zu bekommen.

Marginalien:
Förderung des Helferprinzips

Angst beeinträchtigt Lernen

Fehler notwendig

Diese Rückmeldung kann durch Mitschüler, Lehrer oder andere Erwachsene erfolgen. Sie kann die Form eines Fremdtests oder Selbsttests haben oder die Form eines Gesprächs, einer Notiz oder einer Transferaufgabe.

Leistungsmessung und Leistungsbewertung

Leistungsbeurteilung ist kein Selbstzweck. Sie hat ihre Berechtigung nur im Zusammenhang mit dem Bildungs- und Erziehungsauftrag. Sie muss daher den Grundsätzen der Leistungserziehung angepasst sein und sich ohne Widerspruch in das pädagogische Gesamtkonzept einfügen.

Die traditionelle Praxis von Zensuren, pauschalen Klassenarbeiten und Ziffernzeugnissen steht im Widerspruch zu den Zielen und Grundsätzen der Montessori-Pädagogik. Der pädagogische Leistungsbegriff kann im Beurteilungssystem mit Zensuren kaum realisiert werden.

Zensuren sind weder objektiv, noch erfassen sie das, was sie messen sollen. Sie sind ungenau. Ihr Informationsgehalt ist gering. Sie finden fast nur Anwendung innerhalb eines engen Bereiches messbarer kognitiver Fähigkeiten und Fertigkeiten. Sie bilden Lernfortschritte nur ungenügend ab. Sie fördern Konkurrenz, indem sie Rangplätze in der Klasse zuweisen. Sie schaffen Gewinner und Verlierer und wirken dadurch demotivierend für viele.

Zensuren sind ungenau

Gewinner und Verlierer

Zensuren zerstören die uneigennützige Wissbegierde und die Liebe zum Lernen. Sie trennen Kinder von ihrem Lerngegenstand.

Für die Entwicklung der kindlichen Persönlichkeit ist es förderlicher, um der Sache willen zu lernen, als guter Zensuren wegen.

Die Montessori-Schule erteilt keine Ziffernzensuren und vergibt keine Ziffernzeugnisse, es sei denn, ein Schüler verlässt die Schule. In diesem Fall erhält er ein Abgangs- bzw. Abschlusszeugnis.

nur Abgangs- bzw. Abschlusszeugnis

Es gibt außerdem kein erzwungenes Sitzenbleiben.

Jeder Schüler führt ein Lernbuch, in das er seine Arbeiten einträgt. Er erhält eine Auflistung der Inhalte und Materialien des Curriculums. Damit gewinnt er einen Überblick über das Lernangebot und eine Orientierung hinsichtlich der Abfolge und Auswahl von Inhalten und Materialien. Dadurch wird die Freiarbeit gestärkt. Er kann seine Arbeit besser strukturieren und auf dieser Grundlage planen. Er dokumentiert die Erarbeitung einzelner Felder und erhält so in einer Art Lernprotokoll eine Rückmeldung über den eigenen Stand seiner Arbeit und seines Lernens, was wiederum Grundlage für die Reflexion und Selbstevaluation sein kann.

Lernbuch

Die Lehrer quittieren die Einführung eines Materials oder Lerninhalts. Jeder Schüler erhält Beratung, in welcher Reihenfolge und in welchem Umfang er seine Lernvorhaben bestimmt. Die Lehrer können Streichungen vornehmen oder zusätzliche Angebote bereitstellen.

Streichungen oder zusätzliche Angebote

Portfolio

Jeder Schüler sammelt und dokumentiert gelungene Lernergebnisse in einem Portfolio, das als Nachweis von Leistungen und als Grundlage der Leistungsbeurteilung dient.

Da in den meisten Materialien eine direkte oder indirekte Fehlerkontrolle eingebaut ist, erhält der Schüler diskrete Rückmeldung über Erfolg oder Fehler. Tests zur Selbstevaluation geben Rückmeldung über den Lernzuwachs einzelner Etappen eines Lernweges.

Abschlusstests als Grundlage für Förderpläne

Formelle Abschlusstests beziehen sich auf ein erarbeitetes Wissensgebiet und dienen dazu, dem Schüler und seinen verantwortlichen Lernbegleitern Rückmeldung über den erreichten Leistungsstand zu geben. Sie sind Grundlage für eventuell nötige Förderpläne, Interventionsmaßnahmen oder ggf. eines Lernkontrakts. Diese Tests können individuell absolviert werden.

In einer Präsentation kann der Schüler der Gruppe eine eigene Leistung vorstellen und von der Gruppe Rückmeldung erhalten, was die Kritikfähigkeit beider Seiten stärkt. Er kann ein Referat halten, eine Geschichte oder ein Gedicht vortragen, etwas darbieten oder zur Aufführung bringen, eine besondere Leistung vorstellen. Er kann seine Präsentation quittieren lassen und seinem Portfolio hinzufügen.

Anstelle von Schulberichten bzw. Zeugnissen erhält jeder Schüler in größeren Zeitabständen innerhalb eines Jahres drei Entwicklungsbogen, auf denen das Arbeits-, Leistungs- und Sozialverhalten nach Merkmalen und dynamischen Ausprägungsgraden aufgelistet ist und welche von den Lehrkräften, die das Kind begleiten, ausgefüllt werden. So können Entwicklungen sichtbar gemacht werden. Der Schüler erhält Rückmeldungen, die für den Prozess seiner Selbsteinschätzung hilfreich sind, und die Eltern erhalten regelmäßige Informationen.

Unterschreitet ein Schüler das mittlere Niveau grundlegender Anforderungen, so muss in einer Diagnose geklärt werden, wo Lücken und Verständnisprobleme bestehen. Die Lehrer sind verpflichtet, auf Basis einer solchen Diagnose Förderpläne zu erstellen.

Bildungsinhalte der Montessori-Schule und Standards der staatlichen Bildungspläne

Die Bildungsinhalte der Montessori-Schule umfassen in der Regel nicht nur die Standards der staatlichen Bildungspläne, sondern gehen weit über sie hinaus, so dass hinsichtlich der Vergleichbarkeit der Bildungsabschlüsse die Kompatibilität gewährleistet ist.

Kompatibilität gewährleistet

Bei aller Skepsis gegenüber der Beschränktheit von Vergleichsarbeiten und Vergleichsuntersuchungen nimmt die Montessori-Schule an diesen teil, um sich zu vergewissern, dass ihre Schüler nicht nur anders und Anderes lernen als üblich, sondern dass sie auch im allgemeinen Leistungsvergleich mindestens gleichwertig abschneiden.

Soweit ein feststehender Kanon von Inhalten existiert, sind diese im Einzelnen aufgeführt. Bei den anderen Bildungsinhalten wird das Kollegium ein Curriculum erarbeiten.

Zusätzlich zu den unten aufgeführten Inhalten werden die jeweiligen fachspezifischen und fächerübergreifenden Methoden eingeführt und angewandt.

Kosmische Erziehung

- Die Erde im Überblick; mein Heimatort; Baden-Württemberg; Deutschland; Europa; die Welt;
Jahr und Tag; Wetter und Klima; Kräfte, die die Erdoberfläche formen; Kartenkunde;
Einblicke in Astronomie, Geologie und Erdgeschichte

- Wirtschaftszusammenhänge im nahen Umfeld wie Markt, Preisgestaltung, Freizeitgestaltung; Produktionsketten und Arbeitsteilung; Landwirtschaft vor Ort; Nutzungskonflikte; Tourismus, Verkehr und Migration; erste Einblicke in die Berufswelt

- Bäume kennen und bestimmen lernen; Obst, Gemüse und Getreide kennen und bestimmen; Wald; Wiesenblumen;
Tiere kennen lernen; Tiere in ihrem Lebensraum; einfache Ökosystemzusammenhänge;
mein Körper; wichtige menschliche Organsysteme (Sinnes-, Bewegungs-, Verdauungs, Atmungs- und Fortpflanzungsorgane); Sexualkunde

- Einblicke in Akustik, Optik, Magnetismus, Elektrizität, Mechanik und Wärmelehre

- Luft; Wasser; Feuer; Grundlagen der Stoffkunde

- Geschichtsepochen: Alt- und Jungsteinzeit, das alte Ägypten, die Antike (griechische und römische Geschichte), erste Einblicke ins Mittelalter;
Geschichte vor Ort

Mathematik und Geometrie

- Operationen im Dezimalsystem mit Goldenem Perlenmaterial, Markenspiel, kleinem und großem Rechenrahmen und Punktespiel; Zehnerübergang und Automatisierung der Grundaufgaben zur Addition und Subtraktion im Zahlenraum bis 20; Analyse des Zahlenraums bis 100 mit Hunderterbrett, Hunderterkette und den Séguintafeln; Uhr lesen; mit Geld rechnen; mathematisches Denken und Erfinden; Analyse des Zahlenraums bis 1000 mit Tausenderkette und dem Kubus mit 1000 kleinen Kuben

- Einmaleins mit bunten Perlenstäben zur Multiplikation und Pythagorasbrett; kleines Malbrett, großes Malbrett; Automatisierung des Einmaleins, Längen messen; Analyse des Quadrats und seiner Aufteilungen

- Geometrische Figuren erforschen und konstruieren; erweiterte Multiplikation mit dem Schachbrett, dem liegenden Rechenrahmen und dem Bankspiel; Wiegen; Analyse des Dreiecks und seiner Aufteilungen

- Geometrische Definitionen; Flächen- und Raummaße; Grundlagen der Flächen- und Volumenberechnung; Maßstäbe; Gitternetze; Römische Zahlen und weitere Zahlsysteme; Quadrieren und Quadratwurzel ziehen; Potenzen; Dezimalbruchrechnen; Analyse des Kreises und Grundlagen der Bruchrechnung; negative Zahlen; Textaufgaben, Diagramme

- Überschlagsrechnung; schriftliche Rechenverfahren; Rechenvorteile nutzen; Rechengesetze anwenden; Winkel; Schrägbilder und Körpernetze; funktionale Zusammenhänge; einfache statistische Verfahren; Einblicke in die Prozentrechnung

Informationstechnische Grundlagen

- Textverarbeitung; 10-Finger-Schreiben

- Hardware

- Dateiformate

- Informationsbeschaffung; Internetdienste sinnvoll nutzen

Muttersprachliche Bildung

- Schreiben in Großantiqua, Gemischtantiqua und in vereinfachter Ausgangsschrift

- Lesen; Lesetechniken

- Texterschließung; Textanalyse

- Grundlagen der deutschen Grammatik mit lateinischen Termini mit Hilfe der Wortart- und Satzsymbole; Wortarten bestimmen; kleine und große Satzanalyse anhand der Sterntabelle

- Grundlagen der Rechtschreibung

- mündliches und schriftliches Erzählen (Märchen, Fabeln, Nacherzählung, Erlebniserzählung, Charakteristik, Personenbeschreibung)

- Textverarbeitung mit dem PC; Referate schreiben; Buchvorstellung

- Benutzung der Schülerbibliothek

Fremdsprachen

- Fortführung des im Kinderhaus begonnenen Erlernens der ersten Fremdsprache Englisch

- ab Stufe 5 Beginn mit einer zweiten Fremdsprache

- nach Möglichkeit erster Auslandsaufenthalt

- Die Anforderungen in den Stufen 5 und 6 richten sich nach dem Europäischen Referenzrahmen für Fremdsprachen.

Ethik

Aus Gründen der Integration und einer konfessionellen Neutralität erhalten alle Schüler einen gemeinsamen Ethikunterricht ab Klasse 1.

Musische Bildung

- Singen; Musizieren; Tanzen; Theaterspiel

- musiktheoretische Grundlagen; Instrumentenkunde

- Zeichnen und Malen; Schneiden und Falten; bildnerische Stilmittel

- Textiles Gestalten

- Basteln; Modellieren

- Werkstoffkunde und grundlegende Techniken der Bearbeitung

- Werken; verschiedene Arbeitstechniken

- Entwurf (inkl. technischer Zeichnung), Planung und Fertigung unter Einbeziehung ökologischer Aspekte

Bewegung und Sport

- Bewegungsspiele; Geschicklichkeitstraining; Konditionstraining; Gymnastik; Turnen; Leichtathletik; Schwimmen; Mannschaftsspiele; Freizeitsport

"Lebenstüchtigkeit" (Inhalte, die keinem Bereich des herkömmlichen Fächerkanons zugeordnet werden können)

- Planung, Einkauf und Zubereitung einfacher Speisen

- gesunde Lebensführung

- Sicherheits- und Hygienemaßnahmen

- einfache Reparaturen; Austausch von Verschleißteilen

- sicheres Verkehrsverhalten

- Zusammenleben in verschiedenen sozialen Gruppen; Umgangsformen

Formen des Lernens

Die Inhalte sind nicht von der Form des Lernens zu trennen. In der Auseinandersetzung mit Inhalten bildet sich das Kind.

Die Kinder und Jugendlichen benötigen daher auf der einen Seite Anreize aus der Umgebung und Selbstbildungsmittel, um sich ihren inneren Gesetzen nach entwickeln zu können. Auf der anderen Seite brauchen sie Freiheit, um selbst tätig werden und eigene Erfahrungen machen zu können.

Vernetzung von
Freiarbeit mit
gebundenem
Unterricht

Steht im Kinderhaus die Einzelarbeit im Vordergrund, da die Entwicklung des Vorschulkindes noch weitgehend individuell fortschreitet, so erweist sich mit steigender Komplexität der Lerninhalte die Materialisierung von Inhalten in der Grundschule teilweise als wenig sinnvoll, teilweise sogar als unmöglich. Eine Vernetzung der Freiarbeit mit gebundenem Unterricht ist sinnvoller als das Nebeneinander zweier sich widersprechender didaktischer Konzepte von Freiarbeit einerseits und konventionellem, lehrergeleitetem Unterricht andererseits.

Freies Arbeiten

Der Begriff Freiarbeit beschreibt die unterrichtliche Form, in der zentrale Ziele der Montessori-Pädagogik in der Schule für die Phase der zweiten Erziehungsstufe zu realisieren sind. Solche Ziele sind die Bildung der Persönlichkeit, die Gewinnung von Unabhängigkeit und die Erringung von Selbstmeisterschaft.

Jedes Kind bringt seine eigenen Lernvoraussetzungen mit, hat sein eigenes Lerntempo, seine eigenen Präferenzen bezüglich der Lernkanäle, seinen eigenen Zugang zu einem Lerninhalt, seine eigenen Lerntechniken und seinen eigenen Lernweg. Am günstigsten können Kinder lernen, wenn man jedem einzelnen die Freiheit lässt, seinen Lernprozess selbst zu steuern und selbst aktiv zu werden und wenn dafür die entsprechend strukturierten Lernangebote bereitgestellt werden.

Die pädagogisch wertvollste Zeit ist die der freien Arbeit. Bezogen auf den Unterrichtstag sollten dafür täglich ca. drei Zeitstunden eingeräumt werden. Schüler brauchen genügend Zeit, um durch Wiederholungen zu einem vertieften Verstehen und sicherem Anwenden kommen zu können.

Grundlage der freien Arbeit ist die freie Wahl des Arbeitsgegenstandes und einer dafür angemessenen Arbeitsform. In der freien Arbeit eignen Schüler sich nicht nur die Bildungsinhalte an, sondern sie erziehen und formen sich selbst, indem sie Eigenschaften ausbilden und ihren Charakter ausprägen.

pädagogisch wertvollste Zeit

Gebundener Unterricht

Zwar bleiben die Fachinhalte, sie werden jedoch aus ihrer Isolierung in Schulfächer befreit und nach Sinnzusammenhängen neu geordnet.

Sinnzusammenhänge

Damit Schüler ohne Probleme an andere Schulen wechseln können, werden Inhalte und Übungen, die nicht zu materialisieren sind und einer gewissen Einführung und Betreuung durch einen Lehrer bedürfen, in Form von Programmen und Lernmodulen zum Unterrichtsgegenstand einer Jahrgangsstufe. Dort werden diese Pflichtprogramme so ökonomisch wie möglich bearbeitet. Insgesamt gilt, dass kein Kind gebremst werden soll und untätig warten oder sich gar langweilen muss.

Der Aufbau einer Haltung sollte angestrebt werden, in der jedes Kind zielstrebig und zügig arbeitet, seine Aufgaben pünktlich und vollständig erledigt und gewissenhaft selbst kontrolliert.

Die Prinzipien von Fehlerselbstkontrolle, Eigenaktivität, individualisiertem und differenziertem Lernen, Selbstbildung und Selbsterziehung behalten auch im gebundenen Unterricht ihre Gültigkeit. Der gebundene Unterricht darf den Prinzipien der Montessori-Pädagogik nicht zuwiderlaufen.

Arbeitsgemeinschaften und Projekte

Ihren individuellen Interessen und Neigungen gemäß können sich Schüler zu Arbeitsgemeinschaften zusammenfinden oder Projektgruppen bilden. Die Montessori-Schule ist bestrebt, aus den Kreisen der Lehrer- und Elternschaft Leitungskräfte zu finden bzw. welche von außen hinzuzuziehen.

Exkursionen und Begegnungen

Nach Ansicht Montessoris ist die Schule ein zu enger Ort für den Schüler, der in die Welt hinaus drängt und sie erobern will. Exkursionen an verschiedenste Orte ermöglichen originale Begegnungen und erweitern Erfahrungsfelder.

originale Begegnungen

Freies soziales Leben in altersgemischten Klassen

Persönlichkeitsbildung ist auf der einen Seite immer ein individueller Prozess, der sich aber auf der anderen Seite in einem sozialen Umfeld abspielt und in einer Wechselbeziehung zur Gemeinschaft stattfindet.

soziale Tugenden

Soziale Tugenden wie Rücksichtnahme, Toleranz, Respekt, Akzeptanz, Mitgefühl, Solidarität, Empathie, Hilfsbereitschaft, moralisches Urteilen und Handeln bedürfen zu ihrer Entfaltung und Einübung eines freien Raumes und der Gelegenheit, eigene soziale Erfahrungen in vielfältiger Weise machen zu können, einschließlich der Erfahrung, dass die individuelle Freiheit als soziale Dimension und Grenze das Gemeinwohl hat.

Um ihr soziales Leben erfahren und erproben zu können, brauchen Schüler einen durch Ordnungen und Regeln geschützten Platz, ausreichend Zeit und Freiheit von falscher Einmischung. Die hierfür günstigste Form ist die altersgemischte Lerngruppe.

Klassenrat und
Schülerrat

Ihre Angelegenheiten regeln Schüler einer Klasse auf Sitzungen des Klassenrats bzw. die ganze Schule betreffend auf Sitzungen des Schülerrats.

Feiern und Feste

rhythmisiertes
Schuljahr

Gemeinsame Feste und Feiern, auf denen Aufführungen stattfinden und Arbeitsergebnisse präsentiert werden, gehören zum Schulalltag und rhythmisieren das Schuljahr.

Selbstbildung und Selbsterziehung

In der freien Arbeit eignet sich der Schüler Bildungsinhalte an und erzieht sich selbst. In der altersgemischten Gruppe kann er sein soziales Leben entfalten.

Was er braucht, sind Selbstbildungsmittel und vor allem freie Zeit zur Selbsterarbeitung und zur Wiederholung. Er braucht Freiraum und Schutz des Freiraums durch allgemeinverbindliche Regeln. Und er braucht Anleitung, exakte Darbietung des Materials, Beratung.

klare
Ordnungsstrukturen

Klare Ordnungsstrukturen ermöglichen Freiheit und diese Freiheit ermöglicht ihm, sich selbst zu ordnen und seine eigenen Ordnungen aufzubauen, die wiederum Freiheit geben.

Selbstbildung und Selbsterziehung, Bildungsziele und Erziehungsziele gehören zusammen. In der Arbeit an Inhalten entwickeln sich individuelle und soziale Tugenden, Einstellungen und Werthaltungen. Interessen und innere Motivation können geweckt und Begeisterung kann entfacht werden.

Während der freien, selbstgesteuerten Beschäftigung mit Inhalten kann sich Aufmerksamkeit polarisieren, wodurch Prozesse der Normalisation entstehen können. Worauf es ankommt, das ist die Freiheit: die Freiheit, aktiv zu werden, die freie Wahl der Arbeit und das an Regeln gebundene freie soziale Leben, damit der Schüler durch Erfahrungen sich entwickeln und lernen kann.

5.5   Vorbereitete Umgebung

Räume

Die jeweils drei Klassen einer Jahrgangsmischung sollten ihre Zimmer in unmittelbarer Nachbarschaft haben. Das Mobiliar sollte leicht umzustellen sein. Jedes Klassenzimmer ist mit Regalen ausgestattet, in denen die Materialien und Arbeitsmittel frei zugänglich untergebracht sind. Über den Regalen sind Freiflächen zur Präsentation von Arbeitsergebnissen und für Ausstellungen. In jedem Klassenzimmer gibt es mindestens einen Computer und einen Zugang zum Internet.

Die Schule verfügt über eine eigene Schulbibliothek. Für Sport, Musik und künstlerisches Gestalten sollte es Fachräume geben. Die Schule sollte über eine Aula mit einer Bühne verfügen. In Klassenzimmern, Nebenräumen und in Gängen können Ateliers für bestimmte Themen eingerichtet werden.

Schulbibliothek und Fachräume

Die Schule benötigt als Ganztageseinrichtung einen Speiseraum und Ruhezonen. Wichtig sind Außenbereiche für Sport- und Freizeitaktivitäten und für einen Schulgarten, möglichst um das Gebäude herum bzw. in unmittelbarer Nähe.

Speiseraum und Ruhezonen

Material

Jeder Schüler kann sich im Rahmen der Freiarbeit wesentliche Bildungsinhalte aus den Bereichen der Kosmischen Erziehung, der Mathematik, Geometrie und der Spracherziehung mit Hilfe spezieller Montessori-Materialien selbst erarbeiten.

Darüber hinaus benötigt jeder Schüler zur Bearbeitung von Themen aus der Kosmischen Erziehung zusätzliche Modelle sowie Materialien und Gerätschaften zur Durchführung von Experimenten.

Für Recherchen sind Bücher wichtig und ein Zugang zum Internet.

Bücher und Internet

Man braucht verschiedene Medien wie Kamera, Beamer oder Mischpult zur Vorbereitung von Präsentationen.

Für den musischen und den Sportbereich werden die üblichen Gerätschaften und Instrumente benötigt.

Lehrer

große
Allgemeinbildung

Um ihren Aufgaben innerhalb der Kosmischen Erziehung gerecht werden zu können, sollten Lehrende eine große Allgemeinbildung haben und das Montessori-Material für diese Stufe perfekt beherrschen. Über die Anforderungen des Montessori-Basisdiploms hinaus müssen sie auch die weiterführenden Materialien kennen.

Teamfähigkeit

Sie kennen die Theorie der Montessori-Pädagogik und überprüfen ihr eigenes Handeln immer wieder daran. Sie müssen im Team zusammenarbeiten können und sollten dort ihre fachspezifischen Kenntnisse einbringen. Neben soliden Kenntnissen sollten Lehrende auch Hobbys und andere private Fähigkeiten, Fertigkeiten, Interessen und Neigungen mitbringen. Sie sollten selbst neugierig sein und eine Freude am Studium des Universums haben.

Eine liebevolle, zugleich professionelle Zuwendung zu den Kindern ist die Grundvoraussetzung. Sie müssen die Entwicklung von Kindern und Jugendlichen, sowie die typischen Sensibilitäten, Entwicklungsbedürfnisse und Interessen kennen und dafür günstige und notwendige Materialien und Unterrichtsformen auswählen, damit die Lernumgebung optimal vorbereitet ist.

Sie müssen Ordnungen, Strukturen und Regeln anbahnen, sie repräsentieren und ihre Einhaltung sicherstellen. Sie achten auf äußere Ordnungen ebenso wie auf einen höflichen, freundlichen und respektvollen Umgang aller am Schulleben Beteiligten. Sie wissen, dass sie Vorbilder sind in Bezug auf Verhalten, Sprache und gelebte Demokratie.

Sie wissen, dass die größten Fehler sind, Kinder in ihrem Entwicklungsprozess zu stören und sie zu langweilen. Ihr ganzes Sinnen und Trachten sollte darauf gerichtet sein, Interessen zu wecken und Kinder zu begeistern.

außerschulische
Experten

Wichtig ist es auch, außerschulische Experten zu gewinnen und sie in die Schularbeit einzubeziehen.

Begeisterung kann erfahrungsgemäß nur durch große Ziele und durch Neues und Bedeutendes geweckt werden. Ziele, Aufgabenstellungen und Anforderungen müssen Sinn haben, so dass sie einsehbar sind und von einem Kind übernommen werden können. Jedes Ziel, das man in ein Pflichtprogramm kleidet, wird blass und stumpf. Letzten Endes sind es die selbst gesetzten Ziele, die besonderen Glanzlichter des Schullebens, von denen Lernende und auch Lehrer zehren, die den grauen Alltag der Pflichten und des Übens vergessen machen und an denen sich die Flamme des Geistes entzündet.

5.6   Organisation der Grundstufe der Montessori-Schule

Integrative, altersgemischte Gemeinschaftsschule

Die Grundstufe der Montessori-Schule umfasst die Klassen 1-6. Jeweils drei Jahrgänge werden gemischt: Jahrgangsstufen 1-3 und Jahrgangsstufen 4-6.

Die Klassenstärke sollte zwischen 24 und 27 Schüler liegen und 27 nicht überschreiten.

Kinder mit besonderen Problemen oder Beeinträchtigungen können nach Prüfung des Einzelfalles und Einschätzung der pädagogischen Situation aufgenommen werden.

Ganztagsschule mit rhythmisiertem Schultag

Die Schule öffnet um 7.30 Uhr.

Der Unterricht beginnt um 8.30 Uhr mit einer Phase freien, stillen Arbeitens von mindestens zwei Zeitstunden und endet mit einer längeren Pause. Danach findet bis zum Mittagessen gebundener Unterricht statt.

In der Mittagspause finden freie Angebote statt.

Am Nachmittag kann eine weitere Phase gebundenen Unterrichts stattfinden. In jedem Fall gibt es eine Phase stillen Arbeitens, in der geübt und wiederholt wird.

Die Hausaufgaben sind ins Schulpensum intergriert.

Die Schule endet um 16.30 Uhr.

Notenfreie Schule

Die Montessori-Schule erteilt weder Ziffernzensuren noch Ziffernzeugnisse. Ziffernzeugnisse werden nur beim Verlassen der Schule ausgestellt.

Die Montessori-Schule versteht sich als Schule mit einer Leistungskultur. Jedes Kind erhält regelmäßig Rückmeldungen über die Lernentwicklung und den Leistungsstand. Die Rückmeldungen sind für Eltern transparent.

Leistungskultur

Eine zwangsweise Nichtversetzung gibt es nicht.

Schule in privater Trägerschaft

Die Montessori-Schule beantragt die Anerkennung als Ersatzschule in privater Trägerschaft. Sie erhebt ein Schulgeld, das gestaffelt wird nach Einkommen und Kinderzahl.

Sie schließt mit den Eltern einen Schulvertrag ab, der Verpflichtungen der Schule und der Eltern regelt.

Kompatibilität mit dem öffentlichen Schulwesen

Die Montessori-Schule gewährleistet die Kompatibilität und Anschlussfähigkeit mit dem öffentlichen Schulwesen, was Bildungsziele und Abschlüsse betrifft.

Aufnahme

Bevorzugt aufgenommen werden Übergänger aus dem Kinderhaus des Montessori-Zentrums, sodann Kinder aus anderen Montessori-Kinderhäusern.

flexible Übergänge

Die Übergänge sind flexibel. Der Zeitpunkt ist abhängig von der Entwicklung des Kindes.

Kinder, die nicht in einem Kinderhaus waren, können in begrenzter Zahl aufgenommen werden. Die Aufnahmen sollten allerdings in der Eingangsstufe erfolgen. Eintritte zu einem späteren Zeitpunkt sind aus pädagogischen Gründen nicht empfehlenswert.

Kapitel 6

Erziehung von 12- bis 18-Jährigen – die Jugendstufe der Gemeinschaftsschule (Klasse 7-10) und die Kollegstufe (Klasse 11-13)

6.1 Die Entwicklung des Jugendlichen in der dritten Entwicklungsstufe von zwölf bis achtzehn Jahren

Mit Ende der zweiten Erziehungsstufe beginnt der Übergang von der Kindheit zur Jugend. Es ist ein gravierender Einschnitt, in dem sich eine radikale Umwandlung der Person vollzieht und zwar sowohl in physischer als auch in psychischer Hinsicht. In dieser Phase des Jugendalters findet der Umwandlungs- und Reifungsprozess vom Kind zum Erwachsenen statt. Treibende Kraft ist die sexuelle Entwicklung, welche die geistige und körperliche Integrität der kindlichen Persönlichkeit zerstört und ein Chaos in Körper, Seele und Umgebung des Kindes hervorruft.

sexuelle Entwicklung

Dieser Übergang von der Geborgenheit der Kindheit in die beginnende Selbstverantwortung der Jugendzeit ist für die jungen Menschen ein Übergang zu einem mehr oder minder unbekannten Ort, der häufig zu Verhaltensunsicherheiten führt. Es ist eine schwierige und kritische, zugleich aber auch schöpferische Zeit, in der sie ihr Leben

Verhaltens-unsicherheiten

als Erwachsene vorbereiten und aufbauen müssen.

Die Dramatik dieser Entwicklung bezeichnet Montessori mit Begriffen wie *‚eine 2. Geburt"*, *„eine Wiedergeburt"*. Sie spricht vom Individuum, das zu einem *„sozialen Neugeborenen"* wird. Die Entwicklung verläuft nicht kontinuierlich, sondern in Schüben, Sprüngen und Rückwärtsbewegungen/Rückschritten.

„Der Wechsel zwischen Fortschritt und Regression schafft die Unsicherheit."

Die dritte Stufe der Entwicklung und Erziehung lässt sich in zwei Teilphasen untergliedern: die Zeit der Pubertät, in der das Kind zum Jugendlichen wird und in die Zeit der Adoleszenz, in welcher der Jugendliche zu einem jungen Erwachsenen wird.

Die sich anschließende Beschreibung dieser beiden Teilphasen folgt einerseits einem durchschnittlichen biologischen Entwicklungsverlauf, andererseits berücksichtigt sie die in unserer derzeitigen Gesellschaft gegebenen sozialen und kulturellen Faktoren.

Vom Kind zum Jugendlichen: die Zeit der Pubertät

Gestaltwandel

Die Veränderungen des Körpers, insbesondere die stärkere Ausprägung der Geschlechtsmerkmale, die Behaarung und die Veränderung der Stimme führen zu Gefühlen von
Fremdheit und Irritation
Fremdheit und Irritation. Diese einschneidenden Veränderungen machen Angst und rufen extreme Empfindlichkeit, Komplexe und Schamgefühle hervor, da sie öffentlich sichtbar sind. Man wird angestarrt und taxiert. Viele erleben einen eher aggressiven Einbruch der Sexualität und finden sich auf ein Kampffeld geschleudert, auf dem Herabsetzung, Spießrutenlaufen und Verletzungen drohen und auf dem es um Dominanz in Fragen der Schönheit und Stärke geht.

Es gilt plötzlich, die eigene Geschlechtlichkeit zu inszenieren und für sich zu klären, was männlich und was weiblich ist. Etliche Kinder beginnen, mit ihrem Körper zu hadern. Diesen äußeren Veränderungen entspricht eine innere Destabilisierung, die sich
innere Destabilisierung
äußern kann in Selbstzweifeln, Irritation und Verunsicherung, in Lebensunzufriedenheit, Selbstabwertung bis hin zu einem negativen Lebensgefühl.

Die innere Welt: ein Weder – Noch

In diesem Stadium der Frühadoleszenz werden Kinder unzugänglicher und schwerer lenkbar. Die Mädchen kichern, sind launisch und albern, die Jungen wirken unbeholfen, oft grob und ungebärdig und zeigen rüpelhaftes Benehmen. Die Lautstärke nimmt ebenso zu wie Angeberei und Prahlerei. Nicht von ungefähr spricht man vom
Flegelalter
Flegelalter und einer zweiten Trotzphase.

Sie sind nicht mehr Kinder und noch nicht Erwachsene. Sie schwanken zwischen regressivem Verhalten und ungestümem Voranpreschen. Sie verlangen noch nach der

Nestwärme und dem Versorgtwerden der Kindheit und verschließen sich gleichzeitig davor, indem sie versuchen, sich der Verfügung zu entziehen, die Mitarbeit verweigern, unzufrieden nörgeln und Streit suchen.

Sie protestieren gegen Bevormundung. Sie wollen nicht mehr in gemeinsame Freizeitprojekte verplant werden. Sie verlangen nach einem eigenen Zimmer, das sie hinter sich abschließen können und in dem sie ein von elterlicher Fremdherrschaft und Ordnungsvorstellung befreites Gebiet sehen. Sie suchen das Alleinsein und leiden gleichzeitig daran; sie wollen Unabhängigkeit und Selbständigkeit und fürchten sich gleichzeitig vor der Freiheit und den damit verbundenen Entscheidungen, Verantwortlichkeiten und Pflichten.

Sie befinden sich in einer paradoxen emotionalen Situation, insofern sie dort verankert sein wollen und Sicherheit suchen, von wo sie sich hinweggezogen fühlen. Sie verlegen sich auf die kleinen Kämpfe, um die Höhe des Taschengeldes, was sie damit kaufen dürfen, um die eigene Wahl der Kleidung und der Frisur. Sie grenzen sich durch Musik und einen eigenen Jargon ab. *paradoxe emotionale Situation*

Sie schließen ihnen nahe Menschen aus und wollen gleichzeitig im sicheren Hort der Familie dabei sein, um im nächsten Moment gegen die Gefangenhaltung in der engen Zelle von Familie und elterlicher Wohnung zu protestieren. Sie nehmen ein distanzierteres Verhältnis zu Eltern und Lehrern ein. Sie entwickeln ein Gespür für Widersprüche zwischen Sein und Schein, zwischen Anspruch und Wirklichkeit. Sie werden skeptischer und misstrauischer und gehen Autoritäten eher aus dem Weg.

Sie können aufbrausen, in hohe Körperspannung und in einen Aktivitätsdrang kommen und im nächsten Augenblick in Apathie versinken. Sie schwanken zwischen Hyperaktivität und verträumter Passivität. Einige neigen zu negativen und extremen Verhaltensweisen, zu Opposition, Jähzorn, Trotz, Auflehnung, Kritiksucht und Aggressivität. Ihre Stimmung ist eher labil bis hin zu Formen depressiver Verstimmung. Sie sind leicht erregbar und reizbar, hoch empfindlich und leicht verletzbar durch Kritik, Spott und Herabsetzung.

Sie sehen kein Ende ihrer „Gefangenschaft" ab und keine realistischen Wege, um aus den Widersprüchen herauszukommen. Sie sehen wiederum auch – durchaus mit Erschütterung –, dass es kein Zurück mehr in die schützende Hülle der Kindheit gibt, in der alles im besten Falle seine Ordnung und Stimmigkeit hatte. So bleibt ihnen oft nur übrig, die Veränderungen mangels Handlungs- und Gestaltungsalternativen passiv hinzunehmen. *kein Zurück*

Kognitive Entwicklung

Haben sie als Kinder in der zweiten Entwicklungsphase große Wissensmengen oft leicht, mit Eifer, Neugier und Lernfreude aufgenommen, so ändert sich das Bild in der weiterführenden Schule mitunter drastisch. Lernunlust, Widerstand gegen schulisches Lernen, Passivität und Störungen des Unterrichts treten auf einmal zu Tage. Die *Lernunlust*

Schultage schleppen sich dahin. Mitunter macht sich Dumpfheit breit. Die Lerninhalte werden in Frage gestellt, und die Unlust am Lernen wird zum Ausdruck gebracht.

Manche Jugendliche haben Disziplinprobleme in der Schule und weisen einen Rückgang ihrer Leistungen auf. Die Schulverdrossenheit nimmt zu. Montessori spricht von einem *„Alter der Zweifel und der Unschlüssigkeiten, der heftigen Gefühlsbewegungen und der Entmutigung"*. Sie konstatiert für diese Zeit das Eintreten einer *„Verminderung der intellektuellen Fähigkeiten"*. Ihre Feststellung wird durch neuere Erkenntnisse der Neurobiologie untermauert, nach denen es in der Phase der Pubertät und Adoleszenz zu einer Neuorganisation der Gehirnstrukturen kommt. Alte und erstarrte kognitive Strukturen und Wissensbestände werden quasi aufgeweicht und umgebaut. Das neue Denken wird flexibler, kombinatorischer und diskursiver.

Verminderung der intellektuellen Fähigkeiten

Zwar geht der Weg der Entwicklung des Denkens ohne Zweifel in Richtung zunehmender Abstraktion, Jugendliche brauchen dennoch konkrete und durch Erfahrung gestützte Zugänge zu den Lerninhalten und eigene Frage- bzw. Problemstellungen. Vielen von ihnen mangelt es noch an stabilen kognitiven Strukturen, um der Überfülle an einzelnen Wissenselementen durch Systematisierung und Vernetzung Herr zu werden.

Mangel an stabilen kognitiven Strukturen

Obendrein ist ihnen die geistige Überlegenheit der Erwachsenen nicht mehr wie früher Anlass zur Bewunderung, sondern sie erleben diese als bedrohlich und als Mittel zur Disziplinierung. Dabei fällt es ihnen in dieser Zeit noch besonders schwer, einen eigenen Standpunkt zu artikulieren und eine eigene Position argumentativ zu begründen und durchzusetzen. Manche werden frech und provozieren, andere lassen sich erst gar nicht mehr auf Diskussionen ein.

Um die eigenen Unzulänglichkeiten überwinden zu können, braucht es Zeit, Übung und einen gewissen Schonraum. Das Ringen um eine eigene Meinung und um die Fähigkeit, in Diskussionen bestehen zu können, ist Teil der Ablösung aus den bestehenden Abhängigkeiten.

Schonraum notwendig

Sprachliche Entwicklung

Mit Beginn der Pubertät kommt es oft zu einer gewissen Verrohung der Sprache. Ordinäre Ausdrücke und ein spezieller Jargon sorgen für Abgrenzung gegenüber der Erwachsenenwelt. Manche Jugendliche entwickeln einen starken Hang zu Lyrik.

spezieller Jargon

Im Gegensatz zum Kind erlebt der Jugendliche stärker Fremdheit und eine Unterlegenheit seiner sprachlichen Fähigkeiten gegenüber der Erwachsensprache. Viele Wörter, und nicht nur Fremdwörter, sind ihm nicht geläufig. In Auseinandersetzungen mit Erwachsenen setzen diese oft ihre sprachliche Überlegenheit ein.

unterlegene sprachliche Fähigkeiten

Dennoch herrscht während dieser Phase eine gewisse Sensibilität für die Erweiterung des passiven Wortschatzes und für Nuancierung.

Innenwendung

Auffällig sind eine starke Innenwendung, ein Kreisen um sich selbst, das Schwanken zwischen Eitelkeit und Selbstbewunderung und die Erschütterung der Selbstsicherheit. Verbreitet ist das Herumhängen und Tagträumen. Sie hören viel Musik, sehen gern und häufig Filme oder verbringen viel Zeit mit Computerspielen.

Herumhängen und Tagträumen

Die Gefühlswelt wird reicher und differenzierter und gleichzeitig ambivalent: Die Jugendlichen können sich besser in andere einfühlen und gleichzeitig die neue Fähigkeit zu Zwecken der Manipulation missbrauchen. Sie können täuschen und getäuscht werden. Sie können mit verschiedenen Formen der Selbstdarstellung experimentieren. Viele Gespräche drehen sich darum, wie man auf andere wirkt und wie andere wirklich sind.

Die Jugendlichen schwingen sich auf in Phantasien von Macht und Potenz und stürzen ab in Gefühle von Ohnmacht, Perspektivlosigkeit und Selbstzweifel.

Zusammenschluss zu Gruppen von Gleichaltrigen

In dieser Phase orientieren sich Jugendliche mehr und mehr auf gleichgeschlechtliche Freundschaften. Oft bilden sie abgeschlossene Gruppen mit Gruppenzwängen und Gruppencodes. Was sie eint, ist die Gemeinsamkeit von Interessen, Emotionen, Bedürfnissen, die gleiche Lage und das gleiche Schicksal aller. Sie teilen Geheimnisse und bilden ein Gefühl von Gleichheit und Zusammengehörigkeit aus. Die Jüngeren imitieren die Älteren.

Gruppenzwänge

Nicht selten entscheidet die zufällige Zusammensetzung der Gruppe darüber, in welche Richtung sich die Gruppe bewegt und mit welchen Risiken. Es gibt die Angst vor dem Ausschluss aus der Gruppe, vor Spott und Gesichtsverlust. Es wird geprahlt und angegeben. Bei aller Gleichheit der Ausgangslagen, es geht auch hier immer um Bestätigung, Konkurrenz und Dominanz.

Angst vor dem Ausschluss

So wichtig sie früher auch waren, die Bedeutung organisierter Jugendgruppen, seien sie von Kirchen oder Vereinen, geht auf Grund der fortschreitenden Individualisierung der Gesellschaft immer weiter zurück. Wo sie noch funktionieren, können sie Jugendlichen aber noch immer einen gewissen Halt geben.

organisierte Jugendgruppen

Normverletzungen

Im Zuge der Verselbständigung kommt es recht häufig zu Grenzüberschreitungen und Normverletzungen, seien es der unerlaubte Konsum von Alkohol oder anderer Drogen, das Rauchen, die Überschreitung der Ausgehzeiten, das Erkunden von Pornographie oder Raufereien, Schlägereien, Vandalismus, Sprayen, Eigentumsdelikte.

Grenzüberschreitungen

Schule

Die Phase der Pubertät und Adoleszenz ist eine Zeit der Ausdifferenzierung der Individualität. Jugendliche erleben Schule daher manchmal als Anstalt, innerhalb derer sie sich in das Zwangskollektiv einer Klasse einzufügen haben.

Nicht selten ignoriert die Schule Interessen, Bedürfnisse und Fragen der Jugendlichen und bietet Antworten auf Fragen, welche sich den Jugendlichen nicht einmal im Entferntesten stellen, während sie oft genug das, was ihnen wirklich wichtig ist, nicht zur Kenntnis nimmt, ignoriert.

Ausgerechnet zu einer Zeit, in der sich das Gehirn in einem Prozess der Neustrukturierung befindet, reduziert Schule Jugendliche auf Schüler, die Wissen aufnehmen, behalten und wiedergeben sollen, um dafür Zensuren zu bekommen.

In einer Phase von Verunsicherung und Selbstzweifel, von Suche nach Orientierung und Selbsterprobung, die einhergeht mit großer Empfindlichkeit und Verletzlichkeit, werden Jugendliche nicht nur mit ihren Problemen allein gelassen, sondern sie erfahren Kränkungen und Demütigungen und erleben Gefühle von Ohnmacht, Langeweile und Sinnlosigkeit.

Schule als Kampfplatz Für manche wird Schule ein Kampfplatz und Ort der Konkurrenz, wo Erfolge zu Neid und Misserfolge zu Beschämung führen, wo gute Schüler sich tarnen müssen, um nicht als Streber sozial ausgeschlossen zu werden, andere Schüler ihre Leistungsschwäche durch Störung oder Aufsässigkeit kompensieren oder sich hinter dem Rücken anderer verstecken und wo für das breite Mittelfeld Ängstlichkeit, Zerstörung des Selbstvertrauens und Verhinderung eigenen Interesses drohen.

Viele Jugendliche haben das Gefühl, als lebten und arbeiteten sie für Noten, Zeugnisse und Abschlüsse und hätten sich den Zwängen eines Systems zu unterwerfen, auf das sie keinerlei Einfluss haben und das nicht zu ihren Bedürfnissen passt. Wichtige Lebenserfahrungen werden ihnen vorenthalten, die Persönlichkeitsentwicklung wird zugunsten von Anpassung behindert. Notensystem, Konkurrenzdruck und mangelndes Verständnis für die Entwicklungsprobleme der Jugendlichen vergiften das soziale Klima und fördern Aggression.

Inhalte lebensfremd Inhalte und Unterricht sind weitgehend uniform, bürokratisch verwaltet und verrechtlicht. Die Bildungspläne sind überfrachtet, manche Inhalte lebensfremd. Nun fragen gerade Jugendliche verstärkt nach dem Sinn von Aufgaben und Anforderungen. Viele Themen erscheinen bei näherem Hinblick beliebig und zusammenhangslos. Die Bedeutung der Inhalte für das Verständnis ihres Lebens und zur Lösung ihrer aktuellen und künftigen Lebensprobleme bleibt den Jugendlichen unklar.

Dominanz rezeptiver Vermittlungsverfahren Weiterhin dominieren rezeptive Vermittlungsverfahren und der frontal vom Lehrer gesteuerte Unterricht. Im Gleichschritt der homogenen Jahrgangsklasse soll gelernt werden.

Vom Jugendlichen zum jungen Erwachsenen: die Adoleszenz

Etliche der in der ersten Teilphase begonnenen Entwicklungen verstärken sich oder verschärfen sich gar in der zweiten Teilphase von 15 bis 18 Jahren; die Übergänge sind fließend. Der Körper hat sich gekräftigt, aber es gibt nichts zu tun. Fähigkeiten und Fertigkeiten wurden herausgebildet, aber sie finden weder Nutzen noch Anerkennung.

Übergänge fließend

Der junge Mensch hat die Geschlechtsreife des Erwachsenen und lebt noch in der Abhängigkeit eines Kindes. Überall in der Erwachsenenwelt ist er fehl am Platze und Störenfried. Er kann sogar in mancher Hinsicht Erwachsenen überlegen sein und wird trotzdem nicht ernst genommen.

überall fehl am Platz

Sexualität und Akzentuierung der Geschlechtsrolle

Jugendliche halten oft aus der sicheren Umgebung der Gleichgeschlechtlichengruppe heraus Ausschau nach einem Liebespartner. Sie unterstreichen ihre Geschlechtsidentität durch Kleidung und Verhalten.

Viele von ihnen praktizieren in unterschiedlichem Umfang Übergangsrituale wie Tätowierung, Piercing, Brandzeichen, Ritzen der Haut und andere symbolische Verletzungen des Körpers, Kontrolle des Körpers durch Abhärtung und andere Formen bis hin zu Magersucht und Bulimie und nicht zuletzt den Konsum legaler oder illegaler Drogen.

Übergangsrituale

Hinsichtlich ihrer Beziehungsideale sind sie oft gar nicht so weit von ihren Eltern entfernt, können aber ihre Beziehungen oft nur wie Flüchtlinge gestalten, da sie zu Hause wie Kinder leben müssen. Das Auftauchen der ersten Freundin bzw. des ersten Freundes lässt in den Elternhäusern das Konfliktpotenzial steigen.

Verselbständigung

Mehr und mehr treten die Jugendlichen heraus aus den Bindungen an die selbstverständliche, elterngeprägte Welt der Kindheit. Häufig distanzieren sie sich vom Lebensstil und von den Lebensentwürfen ihrer Eltern. Es ist ihnen auffällig peinlich, mit Eltern gesehen zu werden und Erwachsene zu kennen. Sie betrachten ihre Eltern und andere Autoritätspersonen sehr kritisch. Sie sehen deren Fehler und Schwächen überdeutlich und neigen zu scharfem Urteil.

Distanzierung

Die Kinder werden den Eltern fremder und umgekehrt. Die Geschmäcker und Vorlieben sind verschieden, die Gemeinsamkeiten schnell erschöpft. Konflikte liegen häufig in der gemeinsamen Gestaltung von Freizeit und Urlaub. Weder können sie mit ihren Eltern verreisen, noch kann man sie allein zu Hause lassen.

Wichtig wird ihnen die Gestaltung ihres Zimmers, das sie öfter umbauen und umdekorieren. Die wirtschaftliche Abhängigkeit von den Eltern wird oft als demütigend erlebt.

wirtschaftliche Abhängigkeit demütigend

Etliche Jugendliche suchen nach Nebenerwerbsquellen, um ihr Taschengeld aufzubessern und den Freiraum für eigene Lebensgestaltung zu erweitern. Zwar gibt es in manchen Elternhäusern regelrechte Ablösungskämpfe, viel häufiger ist jedoch, dass Jugendliche ihre Familie als Rückhalt und Ort verlässlicher Absicherung brauchen. An der Ablösung führt jedoch kein Weg vorbei, es sei denn um den Preis eines Nesthocker-Daseins.

Bildung eines persönlichen Stils

Zum Prozess fortschreitender Verselbständigung gehört auch die Bildung eines persönlichen Stils in Fragen der Kleidung, des äußeren Erscheinungsbildes, des Geschmacks, der Freizeitgestaltung und der Bildung eines eigenen Urteiles, das in Kontroversen erprobt wird.

Kognitive Entwicklung

Spaß am Diskutieren

Nach der Pubertät scheint nicht nur die Vernunft wieder einzukehren, das Denken insgesamt hat sich geändert. Der Jugendliche in der Phase der Adoleszenz hat oft Spaß am Diskutieren, Argumentieren und sich Informieren. Er ist geistig wendiger geworden, denkt komplexer und verarbeitet einzelne Wissensbestände nach Strukturen und Zusammenhängen. Er kann nach Sachlage und Bedeutungsgrad gliedern und Ordnungen selbst anlegen. Auch wenn er oft noch unsicher ist, so hat er doch ein weiteres Stück Autonomie erobert.

Sprachliche Entwicklung

Wortschatz stark ausgedehnt

Nach Durchschreiten der Pubertät ändern sich der mündliche und der schriftliche Ausdruck und der Sprachstil. Die Sätze werden komplexer, die Ausdrücke feiner nuanciert. Fremdwörter werden aufgesaugt und eingebaut. Am Ende der dritten Entwicklungsphase hat der junge Erwachsene seinen Wortschatz stark ausgedehnt. Damit ist er besser gerüstet für eine aktive Gestaltung des sozialen Lebens und für eine größere Genauigkeit des Denkens und des Ausdrucks von Gedanken, ein weiterer Schritt in der Erringung von Autonomie.

Suche nach Vorbildern

Bereits in der Endphase der Kindheit identifizieren sich Kinder mit Stars aus Sport, Film oder Musikszene. Auch Jugendliche haben weiterhin ihre Idole, die sie manchmal nicht mehr ganz so offen anhimmeln, wie sie es als Kinder taten, die sie jedoch oft imitieren.

realistische Vorbilder gesucht

Viel dringender aber suchen sie nach realistischen Vorbildern in ihrer Nähe, an denen sie sich orientieren und die sie als Autoritäten für sich selbst wählen könnten. Die Eltern kommen dafür in der Regel auf keinen Fall in Frage, geht es doch um die Suche nach etwas Eigenem, Neuem, Unverwechselbarem. Die Lebensräume von Schule und von Cliquen bieten dafür wenig Gelegenheit. Alternativen bieten, wenngleich in rückläufigem Maß, traditionelle Jugendgruppen von Kirchen und Vereinen.

Suche nach Bewährung

Mangels anderer Gelegenheiten suchen Jugendliche in Abenteuern und Risikohandlungen sich zu bewähren. Dazu gehören waghalsige Kunststücke mit Bike, Skateboard, Inlinern oder Snowboard, Klippenspringen, Klettern und andere Extremsportarten. Etliche Jugendliche suchen auch extreme Abenteuer, die Grenzerfahrungen und Grenzüberschreitungen bieten, wie die Beschaffung, der Handel und der Konsum von Drogen, das Ausprobieren neuer Rauschmittel bzw. deren Kombination, „Komasaufen", U-Bahn-Surfen, Schwarzfahren, Klauen, Einbrüche und andere Formen von Delinquenz.

Risikohandlungen

Cliquenbildung

Jugendliche gehören oft verschiedenen Cliquen an. Am wichtigsten ist für sie das Gefühl der Zugehörigkeit. Man hat noch nichts, was zählt, und sucht Verstärkung. Sie wollen sich selbst finden und suchen Erfolg, Anerkennung und Akzeptanz. Sie lechzen förmlich nach Bestätigung. Zur Gewinnung einer eigenen Identität dient auch ein scharfes, mitunter aggressives Abgrenzen nach außen gegenüber anderen Gruppen und Minderheiten.

Gefühl der Zugehörigkeit

Außenwendung

Die Jugendlichen treffen sich in den Cliquen an öffentlichen Plätzen, Parks, Sporteinrichtungen, Jugendzentren, Kneipen, in der Disco, in Clubs, im Kino und auf Konzerten. Ein Reiz besteht gerade auch darin, für älter gehalten zu werden und durch Alterskontrollen zu schlüpfen. Sie versuchen, durch Kleidung, Frisur, Gehabe oder Lautstärke aufzufallen. Viele Jugendliche zeigen sich nun von einer offensiven und extrovertierten Seite. Sie geben sich herausfordernd und provozierend. Daneben bleibt ein Bedürfnis nach Phasen der Ruhe, des Rückzugs und des Alleinseins weiter bestehen.

auffallen

Wendung zur Gesellschaft

Etliche Jugendliche beginnen, sich für das Gemeinwesen und die Politik zu interessieren und sich zu informieren. Dabei ist es oft nicht die Tagespolitik, die sie umtreibt, sondern große Fragen wie Krieg und Frieden, Not, Elend und Katastrophen, Ungerechtigkeit und Diskriminierung, Ausbeutung und Unterdrückung, Gewalt und Willkür, Verschwendung und Armut, das Schicksal des Planeten und der Menschheit. Sie diskutieren ethische Konflikte. Ihre Standpunkte zeigen häufig einen hohen Idealismus,

große Fragen

hoher Idealismus

der sich radikalisieren kann, und einen moralischen Rigorismus. Jugendliche zeigen Bereitschaft zu sozialem Engagement.

Suche nach Identität

Das Kind lebt noch in einer Art naiver, unbewusster Identität. Es ist so und fühlt sich so, wie es die Eltern und seine Umgebung sehen. Mit den körperlichen Veränderungen während der Pubertät taucht die Frage auf, wer ich bin.

"Wer bin ich?"

Im ersten Schub ausgangs der Kindheit stellt sich die Frage zunächst eher danach, was man nicht und auf gar keinen Fall will. Die negative Bestimmung verhilft dazu sich abzugrenzen.

Unausweichlich zwar, jedoch viel schwieriger zu beantworten, entwickelt sich daraus die Frage nach dem, was man positiv für sich will, und mehr noch, wer man ist und zwar wirklich, im Innern und echt.

hässliche Seiten

Die Jugendlichen sehen sich nicht mehr nur als das Projekt ihrer Eltern. Sie wollen nicht mehr nur die Erwartungen ihres Umfeldes erfüllen und so sein, wie dieses sie haben und sehen will. Nun kehren sie provozierend die hässlichen Seiten hervor, um zu testen, ob sie auch dann noch akzeptiert werden.

"Bin ich beliebt?"

"Was kann ich gut?"

Doch nicht nur der Körper, auch das Gefühlsleben verändert sich. Tue ich nur so oder bin ich so wirklich, und wie sehen mich die anderen? Stimmt das Maß der Gefühle oder bilde ich mir nur etwas ein? Welches sind gute Freunde und auf wen kann ich mich verlassen? Wer gefällt mir und warum? Bin ich beliebt? Wo sind meine Stärken und wo meine Schwächen? Worin bin ich unverwechselbar und was macht mich aus? Was macht mir Spaß? Was finde ich interessant? Was sind meine Neigungen? Was halte ich aus? Wie leistungsfähig bin ich? Was kann ich gut? Wie funktioniert das Zusammenleben? Wie will ich Beziehungen gestalten?

Suche nach Lebenszielen

"Wo ist mein Platz in der Gesellschaft?"

schwere Last

Gegen Ende der Jugendzeit werden Fragen nach Beruf und Gestaltung des Familienlebens drängender. Lebensentscheidungen stehen an. Wo ist mein Platz in der Gesellschaft? Wie finde ich ihn und wie komme ich hin? Die Last der Freiheit wird sichtbar. Jede Entscheidung verringert die Anzahl der Optionen. Jede Entscheidung muss verantwortet werden und zwar von einem selbst. Die Last erscheint schwer und lähmend. Wollte man früher möglichst schnell groß und erwachsen werden, so findet man sich jetzt in einem Stadium des Zauderns und Zögerns, des Ausweichens manchmal bis hin zur Flucht, der Apathie, Entschlusslosigkeit, des Zweifels, der Überforderung und der Angst.

Sinnkrise und Lebenssinn

Am Übergang von der Jugendzeit zum jungen Erwachsenenalter, von der dritten zur vierte Entwicklungsstufe steht oft eine tiefe Sinnkrise. Man sieht die bitteren Seiten des Lebens, die Bedrohungen, Unwägbarkeiten, die Möglichkeit des Scheiterns, die Mühsal, die Gefahren von Erstarrung und Resignation. Oft sind es die Pflichten einer Erwerbsarbeit, einer Ausbildung oder eines Studiums, welche die Krise eindämmen und ermöglichen, Auswege durch die positive Setzung von Lebenszielen und durch eigene Sinnstiftung zu finden.

tiefe Sinnkrise

6.2   Sensibilitäten dieser Phase

Bedürfnis nach Schutz und Geborgenheit

Durch die tief greifenden Umbrüche in der Übergangsphase zum Jugendlichen erfährt das Kind Verunsicherung, Gefährdung und Bedrohung. In dieser labilen Phase braucht es in besonderem Maße Schutz und Geborgenheit, auch wenn es sich selbst noch so cool oder wild gebärdet.

Es geht darum, „*die Entfaltung der Personalität des Jugendlichen zu beschützen und zu begünstigen*".

Soziale Sensibilität

In der dritten Entwicklungsphase dominieren soziale Sensibilitäten. Der Jugendliche hat das Bedürfnis, „*in den Stand versetzt zu sein, die Rolle des Menschen, die er in der Gesellschaft spielen wird, zu begreifen*" .

Der Jugendliche beginnt, sich als Teil der Gesellschaft zu begreifen, und möchte von dieser in seinem Wert anerkannt werden. Er ist bereit, seine individuelle Aktivität auf das soziale Leben auszurichten. Er ist begierig danach, soziale Erfahrungen zu machen, sei es in der Gruppe Gleichaltriger, sei es in der Erkundung anderer sozialer Orte und ihrer Bewohner. Er will in sozialen Beziehungen leben, sozial verantwortlich handeln und als unabhängige Person mit anderen leben. Er wird wach für die soziale Gerechtigkeit.

wach für soziale Gerechtigkeit.

„*Die Kinder müssen soziales Leben durch Leben erfahren, durch Erfahrung, bevor sie in es eintreten, mit all den Formen von Mechanismen, die es bestimmen.*" (Montessori)

Inhalt des Studiums in der neuen Erfahrungsschule des sozialen Lebens soll die Menschheit sein.

Sensibilität für Selbstwert und personale Würde

Selbstwert und personale Würde sind Voraussetzung sowohl für die Integration in die Gesellschaft als auch für jede Form von Zukunftsbewältigung.

Selbstvertrauen stärken

„Die Reifezeit ist durch einen Zustand der Erwartung gekennzeichnet, durch die Bevorzugung von schöpferischen Arbeiten und durch das Bedürfnis, das Selbstvertrauen zu stärken. Das Kind wird plötzlich übersensibel gegenüber einer barschen Behandlung und den Erniedrigungen, die es bis dahin mit geduldiger Gleichgültigkeit ertragen hatte."

Jugendliche nie wie Kinder behandeln

„Diese Achtung vor den jungen Menschen ist wesentlich. Niemals darf man Jugendliche wie Kinder behandeln: Sie haben dieses Stadium verlassen, und es ist besser, sie so zu behandeln, als ob ihre Tüchtigkeit größer wäre, als sie tatsächlich ist und nicht ihre Verdienste zu bagatellisieren und zu riskieren, das Gefühl ihrer Würde zu verletzen."

Um sein Selbstvertrauen und sein Selbstwertgefühl zu stärken, braucht der Jugendliche soziale Anerkennung. Sie verleiht ihm ein Gefühl der Unabhängigkeit.

Weitere Interessen und Bedürfnisse

• Bedürfnis, nützlich zu sein

Anerkennung finden

Jugendliche haben ein Bedürfnis, etwas Nützliches zu schaffen, herzustellen, zu errichten, zu demonstrieren, zu planen und durchzuführen, das Anerkennung findet. Sie möchten sich erproben und bewähren. Sie haben ein großes Bedürfnis nach Ernst-genommen-Werden. Sie wollen Verantwortung für sich und für die Gesellschaft übernehmen.

• Bedürfnis nach körperlicher Anstrengung

Grenzen erkunden

Jugendliche möchten ihre Leistungsfähigkeit erproben und ihre Grenzen erkunden. Insbesondere männliche Jugendliche sind bereit, ihre wachsenden Körperkräfte für Arbeiten mit den Händen und für Arbeiten mit der Erde einzusetzen.

• Sensibilität für persönlichen Ausdruck und schöpferisches Arbeiten

Theaterspiel, Performance und Tanz sind Möglichkeiten, sich mit dem Körper kreativ auszudrücken. Andere Ausdrucksformen aus dem Umkreis des künstlerischen Gestaltens sind Zeichnen und Malen, Plastizieren, Fotografieren, Filmen, Gestalten mit dem PC sowie Gestaltung von Räumen, Kleidung und der eigenen Person.

Musik

Eine große Bedeutung kommt im Jugendalter der Musik zu. Jugendliche hüllen sich nicht nur in Musik ein, etliche machen sie auch selbst und tragen zu einer eigenen Jugendkultur bei.

- Sensibilität für Poesie

  Jugendliche lesen häufig gern Gedichte und Erzählungen und schreiben selbst Eigenes. Manche erfinden Texte zu Musik oder interessieren sich für die Texte der Songs.

  Gefühle spielen eine große Rolle. Gesucht werden echte Erlebnisse und große Gefühle, von denen man ergriffen wird.

- Bedürfnis, eine eigene Meinung zu haben

  Jugendliche sind bereit, für etwas einzutreten oder sich zu widersetzen. Sie nehmen gern am Meinungsstreit teil, beziehen gern pointierte Standpunkte und suchen den Widerspruch.

- Bedürfnis, mit anderen zusammen zu sein

  Jugendzeit ist ein wir-zentriertes Alter. Man sucht die Gesellschaft von Altersgenossen, Sport- oder Vereinskameraden, von Freunden. Viele verlagern ihren Lebensmittelpunkt in Peergroups.   Peergroups

- Sensibilität für Abenteuer und Herausforderung

  Einerseits geht es darum, jenseits des Alltäglichen Ungewöhnliches zu entdecken, Neues zu erproben und Grenzen auszuloten. Es ist eine Zeit, in der man auf Fahrt gehen möchte, in der man sich beim Klettern, Tauchen oder anderen riskanten Expeditionen erproben möchte, eine Zeit der mitunter waghalsigen Mutproben.   Mutproben

- Bedürfnis nach Einsamkeit und Ruhe

  So sehr Jugendliche nach sozialem Beieinander und Aktion drängen, so sehr brauchen sie daneben auch den Rückzug in Einsamkeit und Ruhe. Sie brauchen einen Raum, in dem sie ungestört für sich sein können. Sie brauchen Zeit und Muße zum Nachsinnen und für Gespräche.

- Sensible Phase für die Entwicklung von Fürsorge und Mitgefühl

  Jugendliche übernehmen gern Pflegearbeiten. Sie versorgen Tiere oder Pflan-   Pflegearbeiten
  zen, kümmern sich um andere Menschen, entwickeln Interesse an Erlebnissen und Empfindungen anderer und ein Mitgefühl.

- Interesse an der Gesellschaft

  Hatten sie als Kinder noch ein bevorzugtes Interesse an der Natur, so verlagert sich dieses nun zur Gesellschaft hin. Manche interessieren sich für die politischen   politische Fragen
  Fragen ihrer näheren Umgebung, andere auch schon für die große Politik. Immer mehr kommen dabei die ganze Welt, die ganze Menschheit oder die Nation in den Blick.

  Die Jugendlichen beginnen, sich dafür zu interessieren, wie andere Menschen und andere Völker leben, wie sie zu früherer Zeit lebten und welche Perspektiven es für die Zukunft gibt.

- Bedürfnis nach authentischen Vorbildern

  Jugendliche suchen nicht nur Idole aus der Sport-, Film- oder Musikszene, sondern sie sehnen sich geradezu nach realen, erwachsenen Vorbildern, denen sie
  nacheifern können und an die sie sich anschließen können, von denen sie sich
  Orientierung, Führung und Sicherheit versprechen.

- Interesse an ethischen Fragen und den großen Fragen des Lebens

  Frage nach Werten

  Moralische Fragen, Entscheidungssituationen, Sinnfragen, Lebensziele und Le-
  bensentwürfe werden bedacht und Fragen gestellt, nach welchen Werten man
  sich richten soll und will bzw. was ein gutes Leben ausmacht.

- Bedürfnis nach Freiheit und Ordnung

  Jugendliche brauchen genügend Freiheit für individuelle Initiativen. Damit individuelles Handeln frei und fruchtbar sein kann, muss es auf bestimmte Grenzen
  beschränkt und bestimmten Regeln unterworfen sein.

- Bedürfnis nach Selbstorganisation und Selbstverwaltung

  Jugendliche gestalten gern ihr Leben selbst. Sie bereiten ihre Treffen und Partys
  vor, auch wenn sie dabei teilweise auf diskrete Hilfe Erwachsener angewiesen
  sind.

- Bedürfnis nach wirtschaftlicher Unabhängigkeit

  *eigenes Geld
  verdienen*

  Für Jugendliche ist es oft eminent wichtig, eigenes Geld zu verdienen, über
  das sie in eigener Entscheidung und Verantwortung frei verfügen können und
  welches nicht wie das Taschengeld von den Eltern gewährt wird.

- Bedürfnis nach Lernen aus Erfahrungen

  Jugendliche suchen echte Lernsituationen, echte, lebenspraktische Problemstellungen und Aufgaben, sinnhaltige Inhalte. Sie wollen authentische Rückmeldung
  über Lernerfolg und Lernprozess.

- Bedürfnis, sich in der Erwachsenenwelt zurechtzufinden

  Jugendliche wissen, dass ihre Kenntnisse, ihr Bildungsstand, ihre Fähigkeiten und
  Fertigkeiten noch viel zu unvollständig sind, um in der Erwachsenenwelt bestehen zu können. Allerdings fürchten sie, wegen ihrer Defizite beschämt und
  bloßgestellt zu werden sowie klein und unreif zu erscheinen.

  *lebenspraktisches
  Wissen*

  Sie würden sich gern grundlegende praktische Fähigkeiten erwerben, um Re-
  paraturen oder elementare handwerkliche Tätigkeiten durchführen zu können.
  Sie würden gern über lebenspraktisches Wissen verfügen und den Umgang mit
  Behörden und Anträgen, mit Fragen von Versicherung, Rechtsgeschäften und
  Gesundheitsversorgung kennen lernen.

6.3   Pädagogische Aufgaben und Grundsätze

Soziale und moralische Erziehung im Jugendalter

Jugendliche können körperlich und geistig viel leisten. Sie wollen sich nicht schonen, sondern ihre Leistungsfähigkeit erproben, ihre Grenzen erkunden, Herausforderungen bestehen, sich behaupten, sich an Aufgaben bewähren und immer schwierigere Tätigkeiten verrichten. Sie streben nach immer größerem Selbsteinsatz.

Soziale Erziehung

In diesem Alter spürt der Jugendliche in sich *„ein geheimnisvolles soziales Gefühl"*. Er hat eine große Sensibilität für das Leben des Menschen und entwickelt ein Interesse für die Beziehungen der Menschen untereinander.

Sein Bedürfnis ist es, soziale Erfahrungen zu machen, indem er die Welt draußen erkundet.

„Innerhalb der Mauern eines Hauses können keine sozialen Erfahrungen gemacht werden, welche die Bedürfnisse der Entwicklung der Persönlichkeit auch später befriedigen. Weder die geschlossene Familienumgebung noch die beklemmende Begrenztheit der Schule sind dann hinreichend."

„Die sozialen Erfahrungen entsprechen nicht nur einem Bedürfnis, sondern bilden die Grundlage der Persönlichkeitsentwicklung und somit der Erziehung im Allgemeinen."

sozialen Erfahrungen bilden Grundlage der Persönlichkeitsentwicklung

Soziale Erfahrungen können nur durch aktive, freie Teilnahme am sozialen Leben gemacht werden. Dabei lernt das Individuum, sich anzupassen und soziale Eigenschaften zu entwickeln. Soziale Erfahrungen setzen allerdings Handlungsfreiheit und soziale Unabhängigkeit voraus. Wo Angst, Abhängigkeit, Zwang und Unterwerfung unter die Leitung eines Erwachsenen herrschen, kann sich kein soziales Gefühl entwickeln und können keine positiven Sozialerfahrungen gemacht werden. Zwar kann man allein studieren, um aber soziale Beziehungen zu knüpfen, muss man mit anderen in Berührung kommen.

„Nichts verbindet mehr als ein freies Zusammenleben."

Jeder muss sich bei der Entfaltung seiner individuellen Bedürfnisse zugunsten der Bedürfnisse anderer beschränken. Erst in sozialem Zusammenhang entwickelt sich die Persönlichkeit zu ihrem vollen Wert. Montessori sieht zu ihrer Zeit in der Sport- und Jugendbewegung und ganz besonders in der Pfadfinderbewegung positive Ansätze, da die Jugend auf diesen Wegen die geschlossene Umgebung der Familie und Schule verlässt, um in eine weitere Umgebung einzutreten und Aufnahme in die Welt zu suchen.

Jugendliche sollen in die Welt hinausziehen und in lebendigen Kontakt mit der Natur, allen Gesellschaftskreisen und allen Lebensformen kommen. Sie sollen auch das

in die Welt hinausziehen

einfache Leben kennen lernen.

Soziale Erfahrungen und geistige Entwicklung

Nach Montessori ist die Entwicklung des Intellekts eng verbunden mit der Entwicklung der sozialen und moralischen Kräfte. Kinder, die nur auf intellektuellem Gebiet unterrichtet werden und durch Erwachsene gezwungen werden, sich künstlich an die soziale Gemeinschaft anzupassen, werden oft träge im Geist, sind ungeordnet in Gedanken, sind unausgeglichen, unruhig, egoistisch, wenig hilfsbereit und entwickeln Widerstände. Das soziale Gefühl kann nicht durch Unterricht vermittelt werden.

„Die Unterrichtsstunden ermüden und behindern, weil – das Kind hat uns das gezeigt – der Mensch nicht nur denkend leben kann, er entwickelt sich nicht, indem er nur mit seinem Geist und seinem Gedächtnis nachsinnt. Man muss soziale Erfahrungen machen, man muss das soziale Leben leben als Ergänzung der Mittel der Unterweisung. Es macht einen großen Unterschied, ob eine Sache gelernt oder gelebt wird."

Hier liegen die Defizite der Bildungsschule.

„Die Schüler sind ermüdet und erleiden tiefe Langeweile, bis sie krank werden, und die geistigen Barrieren sind genau der Beweis für die Fehler, nur Bildung zu vermitteln."

„Lernen nur um des Lernens willen ist eine Qual! Wenn Bildung eine Verwendungsmöglichkeit bietet, kann sie umgehend eine herrliche und lebendige Sache sein."

„Man muss den Wissenserwerb mit sozialen Erfahrungen bereichern und die Entwicklung des sittlichen Strebens schließt sich dann, beinahe als natürliche Folge, an."

lebenswichtige
Erfahrungen
machen

Der Jugendliche muss lebenswichtige Erfahrungen machen. Er soll aber nicht allein gelassen werden, sondern seine Erfahrungen sollten unter wissenschaftlich fundierter Leitung der Erziehung stehen.

Die sozialen Erfahrungen richten sich zum einen auf den Erwerb persönlicher Unabhängigkeit, zum andern auf praktische Kenntnis der Umgebung, in welcher ein Mensch lebt, und auf das Erreichen einer Anpassung an das Leben durch praktische Übung. Man muss dem jungen Menschen erklären, was ihn im Leben erwartet. Daraus folgt die Notwendigkeit einer umfassenden Bildung.

„Ich glaube, dass die Jugend an Synthese interessiert ist und daran, ein allgemeines Verständnis der Dinge zu erlangen, um dann anschließend ins Detail zu gehen."

In diesem Zusammenhang kritisiert Montessori auch die Überforderung von Jugendlichen durch komplexe Sachverhalte und durch die Vertauschung von grundsätzlichen Dingen mit Details.

Soziale Erfahrungen durch Arbeit

Der Kern der Teilnahme am sozialen Leben ist die Arbeit, das Produzieren und Austauschen. Arbeit bringt die Menschen zusammen. Sie ermöglicht wirtschaftliche Unabhängigkeit, indem man sein eigenes Geld verdient.

„Wie macht man soziale Erfahrungen? Die einzig neue Idee, die ich vorgeschlagen habe, ist die, dass der junge Mensch echte Arbeit leisten und durch Arbeit seinen Lebensunterhalt verdienen soll. [...] Mit der sozialen Erfahrung begibt sich der junge Mensch auf einen Weg der sozialen Harmonie und er hat Kontakt mit dem Funktionieren der Gesellschaft. Der Mensch muss leben, um zu arbeiten, weil das Arbeiten eine normale Funktion des Menschen ist. In der Arbeit bildet sich die geistige Einheit. Mit dieser Erfahrung werden die jungen Leute feststellen, dass sich die Organisation nicht ohne Ordnung und Disziplin durchführen lässt. Ohne diese kann man nicht leben und sie müssen es mit Hilfe aufeinander folgender Erfahrungen spüren." echte Arbeit leisten

Der Jugendliche soll allerdings nicht in der Welt des Erwachsenen arbeiten und auch nicht so viel verdienen wie jener.

„Die Gesellschaft muss zu erzieherischen Zwecken Arbeitsmöglichkeiten für verdienende Jugendliche schaffen." Gesellschaft muss Arbeitsmöglichkeiten schaffen

„Sie werden kleine Sachen machen, welche die zu stark beschäftigten Menschen nicht mehr machen können."

Moralische Erziehung

Moralität und soziales Leben sind engstens miteinander verbunden. Ein harmonisches Gemeinschaftsleben ist nur möglich unter Beachtung von Regeln. Nicht das Lehren abstrakter Prinzipien, sondern Übung, Erfahrung und Erleben bilden die Basis für eine wirkliche soziale und moralische Erziehung. Beachtung von Regeln

Montessoris *„Erdkinderplan"*

Montessoris Entwurf einer *„Erfahrungsschule des sozialen Lebens"*

Montessori schreibt für die Jugendzeit nicht einfach das Konzept der Grundschule fort, sondern plädiert für eine radikale Zäsur und eine Entschulung des Lernens. Ihre Antwort auf die Entwicklungsbedürfnisse der Jugendlichen ist eine Schule neuen Typs, eine eigenständige Jugendschule und eben nicht eine weiterführende Schule. Entschulung des Lernens

Sie spricht von einer *„Erfahrungsschule des sozialen Lebens"*, um deutlich zu machen, dass es nicht darum geht, alte Inhalte der alten Schule neu zu verpacken, sondern den Jugendlichen geschützte Räume zu eröffnen, damit sie praktisch tätig werden, eigene Lebenserfahrungen machen und die Gemeinschaft mit Gleichaltrigen und mit

Erwachsenen in realen Lebenszusammenhängen erfahren kann.

Lebens- und Entwicklungsraum

Eine vorbereitete Umgebung für Jugendliche muss so sein, dass sie ein Lebens- und Entwicklungsraum ist, in dem neben der Arbeit mit und in der Natur auch die Einführung in die Kultur erfolgt. Jugendliche können unter diesen Voraussetzungen ein Gefühl für die Gesellschaft sowie Achtung und Verständnis für andere Menschen entwickeln und praktische und soziale Arbeitsprozesse kennen lernen.

wirtschaftliche Unabhängigkeit

Im Zentrum ihrer Überlegungen steht auch für diese Altersphase weiterhin die Erringung von Unabhängigkeit, die sich nun auf die wirtschaftliche Unabhängigkeit erstrecken soll. Der Jugendliche soll das Gefühl bekommen, durch eigene Anstrengungen und eigenen Verdienst im Leben bestehen zu können, wodurch weit über das rein Materielle hinaus seine Persönlichkeit gestärkt würde.

Haus auf dem Land

Jugendliche sollten jenseits des engen Familienrahmens und getrennt von der bisher besuchten Schule in der Gemeinschaft und unter der Betreuung Erwachsener ein Haus auf dem Land beziehen, etwa einen Bauernhof, den sie selbst bewirtschaften, dessen Produkte sie verkaufen und auf dem sie auch ein Gästehaus unterhalten.

Studien- und Arbeitsplan

Neben diese Erfahrungsräume für praktische und soziale Arbeiten tritt ein Studien- und Arbeitsplan, der ausdrücklich nicht Schule heißt und der sich in drei große Bereiche gliedert: *„moralische Pflege"*, *„Leibespflege"* und *„Programm und Methoden"*.

Zielsetzungen der schulischen Erziehung und Bildung sind es, dem Jugendlichen *„den Weg zu den Möglichkeiten eines persönlichen Ausdrucks zu öffnen"*, den Aufbau der Persönlichkeit durch Bildung mit Hilfe moralischer Erziehung, der Mathematik und der Sprachen zu unterstützen und *„den Jugendlichen mit der augenblicklichen Kultur in Beziehung zu setzen, indem man ihm eine umfassende Bildung vermittelt, und ebenfalls mit dem Mittel der Erfahrung"*.

Insbesondere nennt Montessori drei große Bildungsinhalte:

- das Studium der Erde und der lebendigen Natur mit Hilfe verschiedener Disziplinen,

- Studien, die sich auf den menschlichen Fortschritt und den Aufbau der Zivilisation durch Naturwissenschaften und Technik beziehen und

- das Studium der Geschichte der Menschheit und der menschlichen Entwicklung.

Die von ihr geforderten Methoden beschreibt Montessori folgendermaßen:

„Die besten Methoden sind diejenigen, die beim Schüler ein Maximum an Interesse hervorrufen, die ihm die Möglichkeit geben, allein zu arbeiten, selbst seine Erfahrungen zu machen, und die erlauben, die Studien mit dem praktischen Leben abzuwechseln."

Versuche der Realisierung und ähnliche Konzepte

Montessoris Erdkinder-Schule wurde am weitesten gehend an der Hershey Montessori Farmschool in Huntsburg (Ohio, USA) umgesetzt, bis jetzt allerdings nur für die Altersgruppe von 12 bis 15 Jahren. Einwände wurden aus dicht besiedelten Industrieländern und Dienstleistungsgesellschaften laut, die für eine Anpassung an die lokalen Gegebenheiten in Form eines „urban compromise" plädieren. — „urban compromise"

Die Erdkinderschule in Eberharting (Bayern) setzt auf das Bauernhof-Konzept. Sie läuft als Hauptschule.

Das Gymnasium Schloss Hagerhof (Bad Honnef) setzt auf ein Kompromissmodell.

Die Landerziehungsheime außerhalb der Montessori-Bewegung sehen sich als Internate in der Tradition der englischen public schools.

Der Gründer der Bielefelder Laborschule Hartmut von Hentig hat jüngst einen Vorschlag vorgelegt, in dem er sich für eine Entschulung der Mittelstufe und für einen einjährigen Dienst für die Gemeinschaft ausspricht.

6.4   Die Jugendstufe – eine Erfahrungsschule des sozialen Lebens (Klasse 7-10)

Praktische Arbeiten

Die Jugendlichen erlernen elementare handwerkliche Techniken und erhalten Kenntnis in der Bedienung von Werkzeugen und einfachen Maschinen. Sie können unter anderem mit einer Bohrmaschine sachgerecht umgehen, sägen und schleifen. — elementare handwerkliche Techniken

Sie lernen häufig anfallende Reparatur- und Renovierungsarbeiten durchzuführen wie Tapezieren, Anstreichen, Wasserleitungen warten, Fahrrad reparieren, Lampen anschließen usw.

Sie lernen kochen, Wäsche waschen und bügeln und übliche Gartentätigkeiten durchzuführen.

Vorbereitung der Teilnahme an der Arbeitswelt

Jugendliche sollen Gelegenheit zur Erprobung und Bewährung erhalten und die Erfahrung machen, nützlich sein zu können, um Selbstvertrauen und Selbstwertgefühl zu stärken und unabhängig zu werden.

Jugendliche haben das Bedürfnis nach wirtschaftlicher Unabhängigkeit. Sie wollen über eigenes Geld verfügen. Das Zentrum akzeptiert dieses Bedürfnis, z. B. durch bezahlte Dienstleistungen innerhalb des Zentrums oder die Gründung einer Juniorfirma — eigenes Geld oder einer Mini-Job-Börse. Es berät die Jugendlichen dabei, wie sie dieses Bedürfnis mit ihren anderen Pflichten vereinbaren können.

Jugendliche fragen sich in diesem Alter, welchen Platz in der Arbeitswelt der Erwachsenen sie später einnehmen wollen, welchen Beruf oder welches Studium für sie geeignet ist. Die Jugendlichen müssen den Schulraum verlassen und die Berufswelt erkunden. Sie kehren mit Erfahrungen, Eindrücken und Fragen zurück und arbeiten diese gemeinsam und unter Anleitung eines Lehrers auf.

Berufswelt erkunden

Dies wird ergänzt durch Berufsberatung, damit die Berufswahl vorbereitet wird für diejenigen Schüler, die die Kollegstufe nicht besuchen.

Informationstechnologische Grundkenntnisse

Dazu zählen vertiefte Kenntnisse in Textverarbeitung sowie Grundkurse in Tabellenkalkulation, Bild- und Videobearbeitung und Präsentationswerkzeugen. Darüber hinaus wird der sinnvolle Umgang mit dem Internet geübt.

Grundkenntnisse im Umgang mit Behörden und Institutionen

Die Jugendlichen lernen die Zuständigkeiten von Behörden, so weit es sie betrifft, kennen. Sie können Formulare ausfüllen, kennen das, was für sie im Umgang mit Banken und Geldgeschäften wichtig ist und erhalten Grundkenntnis in für sie typischen Rechtsfragen.

typische Rechtsfragen

Übernahme sozialer und ökologischer Dienste

Im Dienst für die Gemeinschaft können Jugendliche sich als aktiver, nützlicher Teil der Gemeinschaft erfahren. Sie übernehmen Tätigkeiten in Kindergärten und Pflegeheimen, bei Hilfsprojekten oder im Naturschutz.

Gesundheitliche Grundkenntnisse und Körperertüchtigung

Alle Jugendlichen machen obligatorisch eine Ausbildung in erster Hilfe und erwerben Grundkenntnisse in Gesundheitsvorsorge. Sie wenden Grundsätze einer gesunden Ernährung auf ihre Selbstverpflegung an.

Fahrten und Auslandsaufenthalte

Jede Gruppe geht in jedem Jahr auf große Fahrt, die Erkundungs- und Arbeitscharakter hat. Ein Aufenthalt für ein halbes Jahr im fremdsprachigen, möglichst englischsprachigen Ausland ist obligatorisch. Die Schule strebt an, dafür Kontakte aufzubauen.

Schöpferische Arbeit und persönlicher Ausdruck

Alle Wege künstlerischen Ausdrucks sollen offen stehen: Theater, Musizieren, Chor, künstlerisches Gestalten, Lesungen, Tanz, etc. Aufführungen und Feste sind regelmäßiger Bestandteil des sozialen Lebens der Schule.

Freizeitgestaltung

Die Jugendlichen haben die Möglichkeit, eigene Arbeitsgemeinschaften und Projekte zu gründen und selbst zu organisieren.

Studien

Kompatibilität mit den staatlichen Bildungsplänen

Viele Inhalte der Bildungspläne werden an einer Montessori-Schule bereits in der Grundstufe bearbeitet, wozu Kinder dieses Alters auch prinzipiell fähig sind. Dadurch gewinnt die Montessori-Schule in der Jugendstufe Zeit für ihre andere Schwerpunktsetzung: die Integration von praktischer und geistiger Arbeit. Unter dem Gesichtspunkt eines anderen Lernens und Arbeitens kann davon ausgegangen werden, dass die Schüler der Jugendstufe keine Lerneinbußen erfahren und auch die Evaluationen bestehen werden.

andere Schwerpunktsetzung

Bildung durch intellektuelle Studien

Auf den ersten Blick handelt es sich dabei um die Domäne der alten Schule, jedoch geht es hier zunächst um eine energische Revision der Inhalte, um eine Entrümpelung der Bildungspläne, um eine Neustrukturierung als Ersatz für die Fächerzersplitterung und um eine Vernetzung des Lernens.

Neustrukturierung und Vernetzung

Im Mittelpunkt stehen das Sichtbar- und Erfahrbarmachen von Zusammenhängen und das Prinzip der Exemplarität.

Exemplarität

Aufeinander aufbauende Inhalte werden in Kursform dargeboten. Das gilt insbesondere für Mathematik und die Sprachen. Mathematische Inhalte werden mit Hilfe von Konkretisierung verständlich gemacht. Die Sprache wird sehr intensiv während des Auslandsaufenthalts erlernt.

Kursform

**historische
Leitaspekte**

Unter einem historischen Leitaspekt werden Ereignisgeschichte, Literatur-, Musik- und Kunstgeschichte, Philosophie und politische Ideen sowie Technikgeschichte miteinander vernetzt.

**polytechnische
Aspekte**

Ein dritter großer Bildungsinhalt ist das Studium der Erde und der Natur. Unter polytechnischem Aspekt werden Naturwissenschaften und Technik vernetzt und mit praktischen Experimenten verbunden.

Obligatorische Fremdsprache ist Englisch. Es soll möglichst viel Englisch gesprochen werden. Wichtiger als ein Schulfach bilingual zu unterrichten, wäre es, in kommunikativen Situationen des Schullebens die Fremdsprache anzuwenden.

Für die Jugendstufe der Montessori-Gemeinschaftsschule wird ein eigenes Schulcurriculum erstellt und darauf geachtet, dass zentrale Kompetenzen, die von den staatlichen Bildungsplänen gefordert werden, bei der Neuordnung der Inhalte berücksichtigt werden. Über die Schulfächer hinaus sollten Jugendliche initiativ werden können, um Interessensgruppen zu einem eigenen Arbeitsprojekt zu bilden und sich dafür begleitende Experten zu suchen.

Leistungsfeststellung, Zensuren und Zeugnisse

**Notenzeugnisse nur
bei Schulwechsel**

Ziffernzeugnisse und Zensuren werden nicht erteilt, da sie zur Rückmeldung über die Lernprozesse des einzelnen ungeeignet sind und das soziale Leben durch Schüren von Rivalität und Konkurrenz vergiften. Notenzeugnisse werden nur bei Schulwechsel bzw. bei Schulabschluss ausgestellt, damit Schulwechsel möglich sind.

Stattdessen erhält jeder Lernende differenzierte Rückmeldung über Leistungsstand, Leistungsentwicklung und Lernerfolg.

Förderangebote

Die Schule verpflichtet sich, Förderangebote zur Behebung von Lücken zu machen, zu deren Wahrnehmung der Lernende verpflichtet ist.

Portfolio

Jeder Schüler dokumentiert seine Leistungen in einem persönlichen Portfolio. Die Schule attestiert erworbene Fähigkeiten und Fertigkeiten.

Wer leicht lernt und viel kann, ist verpflichtet, Jüngere oder Schwächere zu unterstützen.

6.5   Die Kollegstufe (Klasse 11-13)

Theorie und Praxis

Auch in der Kollegstufe des Zentrums geht es um Verbindung von Theorie und Praxis, von kognitiven und emotionalen Aspekten, von individuellen Bedürfnissen und Anforderungen der Gemeinschaft.

Die Kollegstufe ist integraler Bestandteil des Zentrums. Alle bisher genannten Prinzipien einer Erfahrungsschule des sozialen Lebens gelten auch für die Oberstufe. Die

Jugendlichen sollen weiterhin Gelegenheit haben zur praktischen und kreativen Arbeit.

Doch die Schwerpunkte verschieben sich: Die Jugendlichen gestalten zunehmend das Gemeinschaftsleben des Zentrums aktiv mit. Sie übernehmen geeignete Bereiche in Selbstverwaltung und bereiten sich so auf ihre Rolle als mündige Bürger vor, die Teilhabe am politischen Leben haben. Dies kann sein:

geeignete Bereiche in Selbstverwaltung

- Organisation von Festen, Aufführungen und Präsentationen
- Schülerradio, Schülerzeitung, Internetforen, Debattierclub, Rhetorik oder Essay
- Präsentation der Schule und eigener Arbeiten durch Gestaltung der Homepage, Pressearbeit, Vernissagen
- Schulparlament
- Arbeitskreise, Projektleitung
- Mitbestimmung bei allen wichtigen Entscheidungen des Montessori-Zentrums

Die Schüler der Kollegstufe übernehmen auch eine wichtige Funktion innerhalb des Zentrums: Sie betreuen jüngere Schüler als Mentoren, sie leiten AGs, sie geben Nachhilfestunden. Sie übernehmen technische Dienste und Versorgungsleistungen, indem sie Rechner betreuen, Jüngere in den Umgang mit dem Computer einweisen, übernehmen Reparaturdienste, helfen in der Schulküche, bringen sich bei der Instandhaltung des Hauses ein.

Mentoren

Um ihre Rolle in der Gesellschaft finden zu können, müssen die Schüler diesen Alters Kenntnis von den sozialen Verhältnissen kennen lernen in Form eines Dienstes. Dies gehört zu den verbindlichen Aufgaben eines Schülers der Oberstufe. Es können dies sein: Engagement im Altenheim, Pflegeheim, Betreuung eines alten oder behinderten Menschen, Kinderbetreuung, Teilnahme an einem ökologisches Projekt u.ä.

verbindliche Aufgabe: Sozialdienst

Grundkenntnisse im Umgang mit Behörden und Institutionen

Wie auch in der Jugendstufe lernen die Jugendlichen die Zuständigkeiten von Behörden, so weit es sie betrifft, kennen. Sie können Formulare ausfüllen, kennen das, was für sie im Umgang mit Banken und Geldgeschäften wichtig ist und erhalten Grundkenntnis in für sie typischen Rechtsfragen wie Mietverträge, Kaufverträge, Haftungsfragen.

typische Rechtsfragen

Bildung durch musische Gestaltung

Zur Entwicklung und Entfaltung der Persönlichkeit sind auch in der Oberstufe Bildende Kunst, Musik, Theater und Sport von größter Bedeutung. Die ästhetische Gestaltung des Schullebens und der Schule ist ebenso wichtig.

Ethische Bildung

Ethische Fragen und die Auseinandersetzungen über Normen und Werte können nicht nur im Fachunterricht vermittelt werden; sie sind lebendiger Bestandteil des Gemeinschaftslebens in der Schule.

Bildung durch intellektuelle Studien

Abiturprüfung

Die Schüler werden darauf vorbereitet, die Abiturprüfung erfolgreich bestehen zu können.

kleine Lerngruppen

In kleinen Lerngruppen werden Themen unter Anleitung eines Fach-Mentors hinsichtlich Inhalt und Form wissenschaftlich korrekt erarbeitet, aufbereitet, der Gesamtgruppe vorgetragen, dort diskutiert und nach Einarbeitung der Ergebnisse und einer abschließenden Korrektur durch den Mentor jedem Schüler zur Verfügung gestellt.

Einführung in wissenschaftliches Arbeiten

Es wird besonderer Wert gelegt auf eine Einführung in wissenschaftliches Arbeiten, auf das regelmäßige Anfertigen von Essays, auf freien Vortrag und freien Disput. Die Kooperation mit Universitäten wird angestrebt.

Dies soll in Arbeitsformen geschehen, die die Forderung Montessoris nach größtmöglicher Selbständigkeit und Selbsttätigkeit entsprechen wie z. B. der autodidaktische Erwerb von Wissen oder der Zugang zu den öffentlichen Bibliotheken. Es werden Experten hinzugezogen (Eltern, sonstige Spezialisten).

Studierfähigkeit

Wichtiges Ziel ist, dass die Absolventen der Kollegstufe studierfähig sind.

6.6   Organisation der Jugendstufe und der Kollegstufe

Eine Schule, die der Entwicklungslage, den Problemen, Entwicklungsbedürfnissen und -aufgaben sowie den Interessen von Jugendlichen gerecht werden soll, muss eine Schule neuen Typs sein.

Selbsterfahrung

Eigenverantwortlichkeit

Sie muss geprägt sein durch praktische Arbeit und Selbsterfahrung, durch Selbstbildung und Selbsterziehung, durch Arbeit in Freiheit und Eigenverantwortlichkeit. Die allseitige Entfaltung des Lernenden mittels einer dem jeweiligen Entwicklungsstand angepassten Umgebung soll ermöglicht werden.

Die Schule für Jugendliche ist ein anderer Ort als Elternhaus und Grundschule. Sie muss vor allem genügend Platz für aktive Beschäftigung, für Sport, Gartenarbeit und andere handwerkliche Tätigkeiten bieten. Ein großes Grundstück am Stadtrand oder ein öffentliches Gelände in der unmittelbaren Nachbarschaft wären geeignet, ein Anschluss an öffentliche Verkehrsmittel ideal. Das Gebäude sollte Funktionsräume, Werkräume, Küche, Gruppenräume, Räume für kreatives Gestalten, eine Bibliothek, kleinere Rückzugsräume, eine ausreichende Anzahl von Computerarbeitsplätzen und einen Sportraum haben.

Organisation und Strukturen

Die Jugendstufe der Montessori-Schule ist bis zur zehnten Klasse eine Gemeinschaftsschule für alle Jugendlichen, die mit der Mittleren Reife abgeschlossen wird. Als Ganztagsschule integriert sie praktisches, geistiges und kreatives Arbeiten, soziale Dienste, Praktika, Fahrten, Auslandsaufenthalt und Freizeitgestaltung.

Gemeinschaftsschule

Ganztagsschule

Als Erfahrungsschule des sozialen Lebens gibt sie Raum und Zeit für die Selbstorganisation und Selbstverwaltung. Das Schulparlament aus Jugendlichen und Erwachsenen regelt alle inneren Angelegenheiten selbst, sofern sie nicht den finanziellen und rechtlichen Rahmen der Schule gefährden und Vorschriften verletzen. Es legt so viele Grenzen und Regeln fest, wie notwendig und ausreichend sind.

Schulparlament

Jeder Jugendliche ist zur Mitarbeit verpflichtet. Er hat die Freiheit, seine Arbeiten und Tätigkeiten individuell zu planen und zu wählen. Er muss an den anfallenden Gemeinschaftsarbeiten und an den Studien teilnehmen.

Mitarbeit

Die Schüler verpflegen sich in der Schule unter fachlicher Anleitung selbst. Dazu gehören Einkauf, Preiskalkulation, Menüauswahl und Essensausgabe.

"Selbstverpflegung"

Putzdienste werden, soweit dies erlaubt ist, von den Schülern selbst erledigt.

Putzdienste

Größe und Zusammensetzung der Gruppen

Die Schule sollte von der Größe her überschaubar sein. Es sollten nicht mehr als 25 Jugendliche in einer Gruppe sein. Die Gruppen sind altersgemischt. Die Mittelstufen (7. bis 9. Klasse) bilden eine altersgemischte Gruppe. Möglicherweise ist es günstig, die 10. Klasse als Abschlussklasse in Vorbereitung auf die Mittlere Reife separat zu führen.

Die Jugendlichen, die im Anschluss keine Berufsausbildung beginnen, sondern die Studierfähigkeit anstreben, werden bis zum Abitur in einer Kollegstufe altersgemischt zusammengefasst (11. bis 13. Klasse).

Erwachsene Mitarbeiter

Jugendliche brauchen verständnisvolle Erwachsene, taktvolle Begleiter, Moderatoren, Berater, Vermittler. Sie brauchen engagierte Vorbilder, die ihre Entwicklungsprobleme kennen und die Schutzraum, Grenzen und Regeln garantieren. Das werden nur zu einem Teil Lehrer sein. Wichtiger sind andere Erwachsene mit praktischen Fähigkeiten, die etwa eine AG begleiten oder praktische Anleitungen geben können, also auch Handwerker und Künstler.

englischsprachig   Wichtig wären auch englischsprachige Erwachsene für eine alltägliche Konversation. Als Mitarbeiter kommen in Frage: Pensionäre, Studierende, Praktikanten, Freiwillige, Honorarkräfte und fest Angestellte.

Eine Erfahrungsschule des sozialen Lebens braucht Lehrer, die an pädagogischen, didaktischen und entwicklungspsychologischen Fragen ebenso interessiert und darin versiert sind, wie sie für ihre Fächer und eigene Interessensgebiete begeistert sind.

umfassende Bildung   Darüber hinaus brauchen sie eine umfassende Bildung für ein vernetztes Herangehen an Lerninhalte. Sie dürfen keine Scheu haben, fachfremd Lernprozesse zu begleiten. In jedem Fall müssen sie bereit sein, im Team zu arbeiten.

Zertifikatskurs   Jede Lehrkraft muss eine montessori-pädagogische Zusatzausbildung für die Sekundarstufe ("Zertifikatskurs") haben bzw. anstreben. Alle Lehrkräfte sind verpflichtet zu regelmäßiger Fortbildung.

Literaturverzeichnis

Böhm, Winfried (1991): Maria Montessori. Bad Heilbrunn: Klinkhardt

Deutsche Montessori-Gesellschaft (2003): Kosmische Erziehung I. Das Kind 34

Deutsche Montessori-Gesellschaft (2004a): Kosmische Erziehung II. Das Kind 35

Deutsche Montessori-Gesellschaft (2004b): Kosmische Erziehung III. Das Kind 36

Deutsche Montessori-Gesellschaft (2005a): Erdkinder I. Das Kind 38

Deutsche Montessori-Gesellschaft (2005b): Kosmische Erziehung IV. Das Kind 37

Deutsche Montessori-Gesellschaft (2006a): Die erste Entwicklungsstufe I. Das Kind 40

Deutsche Montessori-Gesellschaft (2006b): Erdkinder II. Das Kind 39

Deutsche Montessori-Gesellschaft (2007a): Die erste Entwicklungsstufe II. Das Kind 41

Deutsche Montessori-Gesellschaft (2007b): Erdkinder III. Das Kind 42

Eckert, Ela (2001): Maria und Mario Montessoris Kosmische Erziehung. Bad Heilbrunn: Klinkhardt

Hentig, Hartmut von (2006): Bewährung. München; Wien: Hanser

Holtstiege, Hildegard (1987): Maria Montessoris neue Pädagogik: Prinzip Freiheit - Freie Arbeit. Freiburg: Herder-Verlag

Holtstiege, Hildegard (1991): Erzieher in der Montessori-Pädagogik: Eltern, Erzieher, Lehrer; Bedeutung, Aufgaben und Probleme aus der Sicht Maria Montessoris und aus Praxisberichten. Freiburg: Herder-Verlag

Holtstiege, Hildegard (1993): Modell Montessori. 7. Auflage. Freiburg im Breisgau ; Basel ; Wien: Herder-Verlag

Holtstiege, Hildegard (1994): Montessori-Pädagogik und soziale Humanität: Perspektiven für das 21. Jahrhundert. Freiburg: Herder-Verlag

Holtstiege, Hildegard (1999): Das Menschenbild bei Maria Montessori: Grundzüge ihrer Anthropologie im Kontext der aktuellen Diskussion. Freiburg: Herder-Verlag

Kegler, Ulrike/Prengel, Annedore (2003): Die Montessori-Gesamtschule in Potsdam: Weiterentwicklung eines Reformkonzepts. Bad Heilbrunn: Klinkhardt-Verlag

Ludwig, Harald (Hrsg.) (1999): Die "Kosmische Erziehung" Maria Montessoris. Berlin: Lit Verlag, Impulse der Reformpädagogik 2

Ludwig, Harald (Hrsg.) (2001): Leistungserziehung und Montessori-Pädagogik : Chancen und Probleme der Leistungsförderung in einer kinderorientierten Pädagogik. Berlin: Lit Verlag, Impulse der Reformpädagogik 5

Ludwig, Harald (Hrsg.) (2003): Verstehendes Lernen in der Montessori-Pädagogik : Erziehung und Bildung angesichts der Herausforderungen der Pisa-Studie. Berlin: Lit Verlag, Impulse der Reformpädagogik 8

Ludwig, Harald (Hrsg.) (2004a): Montessori-Pädagogik und frühe Kindheit - eine Revolution in der Erziehung? Berlin: Lit Verlag, Impulse der Reformpädagogik 9

Ludwig, Harald (2004b): Montessori-Schulen und ihre Didaktik. 1. Auflage. Hohengehren: Schneider Verlag

Ludwig, Harald (Hrsg.) (2005): Sozialerziehung in der Montessori-Pädagogik : Theorie und Praxis einer "Erfahrungsschule des sozialen Lebens". Berlin: Lit Verlag, Impulse der Reformpädagogik 12

Ludwig, Harald (2006): Musik Kunst Sprache: Möglichkeiten des persönlichen Ausdrucks in der Montessori-Pädagogik. Berlin: Lit Verlag, Impulse der Reformpädagogik 13

Meisterjahn-Knebel, Gudula (2003): Montessori-Pädagogik in der weiterführenden Schule. Freiburg: Herder-Verlag

Montessori, Maria (1973): Von der Kindheit zur Jugend. Freiburg: Herder-Verlag

Montessori, Maria (1996): Grundlagen meiner Pädagogik. Wiebelsheim: Quelle und Meyer

Montessori, Maria (1998): Erziehung für eine neue Welt. Freiburg: Herder-Verlag, Kleine Schriften Maria Montessoris 5

Montessori, Maria; Böhm, Winfried (Hrsg.) (1999): Texte und Gegenwartsdiskussion. Bad Heilbrunn

Montessori, Maria (2001): Die Macht der Schwachen. Freiburg: Herder-Verlag, Kleine Schriften Maria Montessoris 2

Montessori, Maria (2007a): Das kreative Kind. 17. Auflage. Freiburg: Herder-Verlag

Montessori, Maria (2007b): Dem Leben helfen. 2. Auflage. Freiburg: Herder-Verlag, Kleine Schriften Maria Montessoris 3

Montessori, Maria (2007c): Die Entdeckung des Kindes. 19. Auflage. Freiburg: Herder-Verlag

Montessori, Maria (2007d): Kosmische Erziehung. 8. Auflage. Freiburg: Herder-Verlag, Kleine Schriften Maria Montessoris 1

Montessori, Maria (2008): Schule des Kindes. 10. Auflage. Freiburg: Herder-Verlag

Montessori, Maria (2009): Kinder sind anders. 14. Auflage. Stuttgart: dtv / Klett-Cotta

Raapke, Hans-Dietrich (2001): Montessori heute: Eine moderne Pädagogik für Familie, Kindergarten und Schule. 1. Auflage. Reinbek bei Hamburg: Rowohlt Taschenbuch-Verlag

Steenberg, Ulrich (2002): Montessori-Pädagogik im Kindergarten. Freiburg: Herder-Verlag

Stein, Barbara (1998): Theorie und Praxis der Montessori-Grundschule. 1. Auflage. Freiburg: Herder-Verlag

Montessori-Pädagogik - ein Leitfaden für Eltern

"Erklären Sie mir doch bitte in zwei Sätzen, was Montessori-Pädagogik ist." So oder so ähnlich werden Experten gelegentlich von Montessori-Laien angesprochen. Dass sich ein Konzept, wie Maria Montessori es in ihrem Leben entwickelt hat, nicht derart verdichten lässt, erfährt man erst durch intensive Beschäftigung damit. Dieser Leitfaden ist entstanden, um kurz und knapp, wenn auch nicht in zwei Sätzen, Antworten zu geben und die Grundgedanken der Montessori-Pädagogik vorzustellen.

Der Leitfaden ist bereits in der 2. Auflage erschienen.
Er umfasst 24 Seiten und ist für 3,00 € über den
Montessori-Förderkreis Karlsruhe e.V.
http://www.montessori-karlsruhe.de
zu beziehen.

Da sich der Leitfaden auf keine spezielle Einrichtung bezieht, wird er bereits von einigen Einrichtungen, auch außerhalb Karlsruhes, genutzt, um interessierte Eltern mit ersten Informationen zu versorgen.